잠시만요,
엄마도 공부 좀
하겠습니다

잠시만요, 엄마도 공부 좀 하겠습니다

현실 워킹맘의 힐링 지수 높이는 법

초 판 1쇄 2024년 11월 22일

지은이 스쿠피
펴낸이 류종렬

펴낸곳 미다스북스
본부장 임종익
편집장 이다경, 김가영
디자인 임인영, 윤가희
책임진행 김은진, 이예나, 김요섭, 안채원, 장민주

등록 2001년 3월 21일 제2001-000040호
주소 서울시 마포구 양화로 133 서교타워 711호
전화 02) 322-7802~3
팩스 02) 6007-1845
블로그 http://blog.naver.com/midasbooks
전자주소 midasbooks@hanmail.net
페이스북 https://www.facebook.com/midasbooks425
인스타그램 https://www.instagram.com/midasbooks

© 스쿠피, 미다스북스 2024, *Printed in Korea*.

ISBN 979-11-6910-919-2 (03190)

값 20,000원

미다스북스는 다음세대에게 필요한 지혜와 교양을 생각합니다.

잠시만요,
엄마도 공부 좀
하겠습니다

스쿠피 지음

현실 워킹맘의 힐링 지수 높이는 법

미다스북스

프롤로그   007

1장 | 워킹맘, 번아웃에 빠지다

1 | 눈 뜨자마자 눈물이 주르륵   015

2 | 이십 대에는 결핵, 사십 대에는 폐렴?   024

3 | 결혼생활이 이런 거였어?   033

4 | 말로만 듣던 '번아웃'   041

5 | 나를 위한 '그 무엇'이 필요해   049

2장 | 번아웃을 극복하는 몰입 공부

1 | 오프라 윈프리는 내 영어 선생님   059

2 | 워킹맘의 작은 기적, HSK 4급   068

3 | 90세 '마짱'의 인생 조언   077

4 | 적어야 보이는 것들   085

5 | 역사는 흐르는 강물처럼   094

6 | 육아 전문가 말고, 워킹맘 이야기   102

7 | 새벽에는 자기 계발서를   112

8 | '작가의 세계'와 만나다   120

3장 | 진짜 '나'를 알아가는 시간

1 | 『토지』가 내 마음을 비치다   129

2 | 오프라 윈프리에게 배운 감사의 힘   137

3 | 에고의 덫에서 빠져나오는 법   145

4 | 엄마가 노력하는 게 보여   154

5 | 그동안 왜 이렇게 게을렀을까   162

6 | 나를 죽이지 않는 육아   170

7 | 아이들이 내게 온 이유   178

4장 | 황금을 입에 무는 시간, 새벽

1 | 새벽 시간을 찾아서   189

2 | 기본 루틴을 디자인하다   196

3 | 책 읽기에 진심인가요?   209

4 | 힐링의 주역, 반신욕   220

5 | 놓칠 수 없는 근육, 요가   228

6 | 주말이라면, 새벽 산책   237

7 | 그냥 좋아서, 외국어 공부   247

8 | 의미 있는 고통, 글쓰기   257

9 | 나만 이런 게 아니었어, 드라마 정주행   266

5장 | 오늘 하루도 공부로 시작합니다

1 | 도서관에서 제대로 노는 법   275

2 | 세 가지 질문   285

3 | 오늘도 비틀거리며 배우는 중   295

에필로그   302

여기 그냥, 한 워킹맘이 있다.

'30대 중반에 결혼하여 두 아이 낳고 평범하고 행복하게
잘 살았습니다.'

라는 한 줄로 깔끔하게 마무리할 수 있는 인생이면 좋았겠
지만, 그 '평범'이라는 단어 속에 이렇게 많은 부침이 숨어 있
는 줄 모르고 결혼한, '비틀거리는' 워킹맘 이야기이다.

워킹맘들은 다 안다. 결혼 자체가 이미 기울어진 운동장이
라는 것을. 아이들이 커 가고, 내 커리어가 쌓여 가면서 '이제
좀 적응할 만하다' 싶으면 어김없이 맞닥뜨리게 되는 업그레
이드된 양질의 문제들, 그 깊고도 거대한 벽 앞에서 망연자

실해 본 적이 있는 사람이라면 격하게 공감할 것이다.

'어쩌다가 여기까지 와 버린 걸까…'했던 기억. 당신은 없는가.

결혼 이후, 미세하게 줄어드는 내 영혼의 부피를 느끼며 결국 '번아웃'을 겪었다. 사람들은 그랬다. '번아웃'이 뭐 별거냐고. 누구나 다 겪을 수 있는 과정이긴 하지. 다들 힘들게 아이 키우고, 맞벌이하며 살고 있잖아. 필요하면 주변 사람 도움도 좀 받고 사는 거지 뭐. 심지어 '결혼하면 여자 인생이 다 비슷비슷해. 우리 때는 더했어.'라는 꼰대 선배가 곁에 없다는 것만으로도 만족해야지.

그러나 말이다. 정말 그런 단순한 생각만으로 내 내면이 차올랐다면 흔하디흔한 워킹맘 이야기를 이렇게 글로 엮어 세상에 내보일 생각까지는 하지 못했을 것이다. 왜 아무도 그 '번아웃' 뒤에 가려진 엄청난 문제들을 선뜻 이야기해 주지 않았던 것일까. 다들 비슷해 보이지만, 결코 한 범주로 묶어서는 안 될 성질의, 내면의 숙제가 있지 않나 싶었다. 남편과 아예 측정 불가한 불행의 수위를 따지는 일부터, 아이들지도랍시고 마구 휘둘러댔던 폭언들, 끊임없이 반복되는 일상에 속수무책으로 매몰되었던 날들까지. 특히나 IMF가 터지고서야 고등학교를 졸업했던 내 세대가 느끼는 늦깎이 결혼생활은 그야말로 애매한 포지션에서, 애매하게 연명하고 있었다.

젊지도 늙지도 않은 중년의 나이. 여전히 워킹맘으로서 내면을 다지고 다져도 전장에서 살아남는 일은 버겁다. 하루하루 살이 포동포동 차오르는 아이들의 성장과 달리, 워킹맘인 나는 진정 무엇을 하며, 어디에 섰는가.

이 책의 구성은 다음과 같다. 1장은 번아웃의 당혹감에서 극복의 필요성을, 2장은 이를 극복하기 위한 구체적인 8가지 대안을, 3장은 워킹맘의 마음 성찰을, 4장은 새벽 시간을 활용한 9가지 활동을, 5장은 워킹맘의 새로운 의지를 다루었다.

책은 철저하게 '내 생각'만 하면서 썼다. 돌아보니, 쓰는 동안 혼자 눈물 훔치며 쓴 것도 있고, 웃음을 참지 못해 히죽거리며 쓴 것도 있다. 책에 실린 모든 실천법은 약 5년간 스스로 다지고 빚어낸 나만의 '번아웃 처방전'이라고 할 수 있다. 부끄럽지만, 내 인생 이야기도 녹아들었으니 내 성장하는 자아의 일부라고도 할 수 있겠다. 부디 이 세상 단 한 명의 독자라도 좋으니, 최적의 타이밍에 자그마한 보탬이 되었으면 한다. 이 책이 당신이 꿈꾸는 무언가에 불쏘시개 역할을 할 수만 있다면 그것으로 명을 다한 것이다.

잊어서는 안 될 사람들에게 감사 인사를 해야겠다. 우선, 내 원고의 뜻을 알아봐 주신 미다스북스 출판 관계자분들께 감사드린다. 좋은 출판사 분들을 만났기에 여기까지 올 수 있었다. 그리고, 늘 따끔한 충고와 격려를 아끼지 않았던 아레테 인문 아카데미 임성훈 작가님의 세심한 지도에 깊이 감사드린다. 카페 회원들의 변함없는 응원도 큰 힘이 되었다. 이곳에서의 수련 과정이 없었다면 그토록 간절했던 마음을 이렇게 찬란하게 풀어낼 수는 없었을 것이다. 아울러, 늘 글 쓰는 나를 격려해 준 친구이자 동료인 이일화 님, 정수연 님, 김경은 님, 이시연 님, 박남연 님, 이금순 님, 김묘경 님, 최은실 님에게도 감사하다는 말씀드린다. 이들의 응원 덕분에 글쓰기가 하루하루 더욱 빛을 발할 수 있었고, 의미 있는 작업으로 남을 수 있었다.

마지막으로 부족한 나를 늘 사랑스럽게 여기고 아껴 주는 남편과 구김살 없이 잘 자라 준 소연이, 정연이에게 사랑한다는 말을 전하며, 이 책을 바친다.

2024년 10월 19일 스쿠피

1장

워킹맘,
번아웃에 빠지다

1

눈 뜨자마자 눈물이 주르륵

"먼 곳에서, 지금의 내 모습을 내려다보고 있다고 생각하세요.

···혹시 눈물이 흐른다면 그대로 놔두셔도 됩니다."

어느 날 새벽. 휴대폰 명상 앱에서 나온 멘트였다. 멘트를 듣자마자, 봇물 터진 듯이 눈물이 주르륵 흘렀다. 적당히 흐르다 말겠지 했다. 그런데 아니었다. 명상이 다 끝날 때까지 소리 없는 눈물은 멈추지 않았다. 결국 명상하는 20분 동안 울기만 했다. 그러고는 겨우 마음을 추슬러 출근했다. 그날은 새벽 명상은커녕 출근하기에도 바빴다.

뭐가 그렇게 서러웠을까?

나는 30대 중반에 결혼했다. 그리고 40대가 되기 전에 두 여자 아기를 출산했다. 눈물이 흐르던 시기는 첫째가 막 초등학교에 입학해 적응하려 할 때였고 둘째는 유치원 졸업반이었던 걸로 기억한다. 첫째를 낳고 1년간 육아 휴직했다. 해가 바뀌어 자연스럽게 복직 준비를 하려고 하는데 둘째가 들어섰다. 다시 휴직 연장을 하고 두 아이를 어린이집에 보내고 나니 4년이 흘렀다.

4년. 일만 하다가 두 아이를 혼자서 집에서 키워 내던 그 시절에는 참 많이도 울었다. 모유 수유도 제대로 못 했고 예민해질 대로 예민해진 기분 탓에 아이들에게 신경질도 많이 부렸다. 어쩌다 혼자만의 시간이 생기기라도 하면 뭘 해야 할지 몰라 그저 멍하니 시간 보내기 일쑤였다.

복직 전에는 얼마나 떨었는지 직전 날은 잠도 잘 못 자고 출근했다. 직장까지 왕복 40킬로 운전을 해야 했다. 두 아이 둥 하원 시간에 맞춰 퇴근하는 일이 맞벌이 부부의 최선이라고 생각했다. 하지만 계속 그렇게 지내다가는 신경쇠약에 걸릴 것만 같았다. 급기야 도우미 선생님을 알아보기로 하고 등원 시간만이라도 도움을 받기로 했다. 아이들은 귀신같이 엄마가 바쁘다는 걸 알아차리고 떼쓰는 일이 줄었다. 하지만, 주말마다 일주일 치 놀이를 기다린 것처럼 내게 매달

렸고 사랑이 고프다는 듯 신호를 보냈다. 무엇보다 아이들이 잠들고 나면 그렇게 미안할 수가 없었다. 포동포동한 볼살과 쌔근거리는 숨소리, 개구리처럼 두 다리를 벌리고 땀을 흘리며 곤하게 자는 모습을 보고 있으면 또 그렇게 눈물이 흐르곤 했다.

마음을 다잡았다. 할 수 있는 만큼의 노력이라도 해 봐야겠다고 생각했다. 일명 '야심 찬 엄마표 육아'가 시작된 것이다. 우선, 엄마표 놀이 관련 서적들을 중고로 사들여 퇴근 후에 같이 놀아 주려 했다. 이왕이면 엄마표 음식이 좋겠다 싶어 퇴근길에 현기증이 나는데도 부엌에 서서 음식을 했다. 그러다 점점 배터리가 닳듯 방전되는 내 체력에 한계를 느껴 홈트레이닝도 해 봤다. 늘 영혼 없이 기능적이고 효율적인 일들만 하다 보니 머리가 텅텅 비는 것 같아 영어 공부도 해 봤다. 기분 탓인가 싶어 예쁜 옷도 사 보고 안 쓰던 화장품도 써 봤다. 갖가지 노력에도 불구하고 한 마디로 형언하기 힘든 감정이 밀려왔다. 참 답답한 노릇이었다.

2022년 통계청의 조사에 의하면 우리나라 워킹맘은 10명

중 6명이라고 한다. 또한, 2021년 인구보건복지협회의 「코로나19와 워킹맘의 양육 실태 보고서」에 의하면 코로나로 인해 맞벌이 부부 10명 중 1명은 이직을 경험했다. 이 시기에 돌봄 공백을 경험한 워킹맘은 52.1%. 가사와 육아 전담은 주로 워킹맘의 몫이었다. 출산 또는 육아로 퇴사를 고민해 본 적 있는 워킹맘은 60%를 웃돌고, 퇴사를 안 한 워킹맘들은 대부분 조부모의 도움을 받았다. 이마저도 여의찮았던 나머지 워킹맘 17.4%는 어땠을까. 놀랍게도 해결책도 없이 그저 일했다고 답했다.

　지금은 2024년이고, 코로나는 일단락되었다. 나는 코로나 직전에 복직한 거였고, 복직한 이듬해에 코로나가 전 세계를 휩쓸었다. 그렇다. 위 자료의 표본이라도 된 듯 우리 부부 역시 한 명은 이직을 고민 중이다. 나 역시 공적 돌봄을 이용할 수밖에 없었다. 해결책은 당연히 없었다. 살아갈 날들에 대한 두려움과 불안은 쉽게 수그러들지 않았다. 그럼에도 워킹맘으로서의 로드맵이 있었으면 했다. 그러나 알다시피, 그런 건 어디에도 없었다.

　게다가 앞선 통계자료에서 더욱 흥미로웠던 것은, 꼭 산후

우울증이 아니더라도 45%에 달하는 워킹맘들이 '우울 의심 집단'으로 분류되었다는 것이다. 소위 '애 낳고 나면 다 그렇다'는 어른들의 말씀에 위배 되는 사실 아닌가. 어느 정도 아이가 자라고 나면 산후우울증 증상은 사라질 법도 한데 말이다. 워킹맘은 출산 이후에도 우울감이 '현재진행형'이라는 것, 놀랍지 않은가.

　이 시대의 워킹맘들은 과도한 경쟁 사회가 성장 배경이었다. 나도 그랬고, 당신도 그랬을 터. 시대는 지금까지 집요하게 완벽주의를 요구하고 있다. 일과 육아 어느 것 하나 놓치고 싶지 않은 엄마들이 늘다 보니 자괴감에 시달리고 불안해하는 지인들을 자주 본다. 아는 지인은 근무하다 점심시간이 되면 잠시 짬을 내어 인근 도서관에 간단다. 가서 자녀가 그날 저녁에 읽을 동화책을 대여해 오는 것이 그렇게 뿌듯할 수가 없다고. 어쩌다 일찍 퇴근하는 날이라도 생기면 직장 근처에서 장을 보는 건 기본이다. 두어 시간 여유시간이 생기면 병원 마감 시간에 맞추어 영양제라도 맞아 둬야 몸이 버틴단다. 나 역시 왕복 40킬로를 운전하며 출퇴근할 때는 아침 일찍부터 동료들과 아무렇지 않게 통화하며 각종 정보를 공유하곤 했다. 그나마 그녀들 역시 새벽 출근과 함께 이동 중이었기에 부담 없이 가능한 일이었다. 살아오면서 이렇게까지 시간을 쪼개어 지내본 적이 없었다. 그럼에도 뿌듯함보다 우울한 기분이라니. '워킹맘 우울증' 같은 신조어가 생기지 않은 게 오히려 이상하다.

아이가 크면 크는 대로 워킹맘의 비애는 가늘고 길게 이어졌다. 이제 겨우 초등학교 들어가서 잘 적응하나 싶었을 때였다. 아이가 혼자서 집에 일찍 들어왔을 텐데도 집안이 쥐 죽은 듯이 조용했다. 바쁘게 퇴근해서 아이를 발견한 후 왜 그러고 있냐고 물었다. 엄마가 올 때까지 기다렸단다. 엄마 오면 같이 밥 먹고 공부하고 놀려고 모든 것을 미루어 두고 있었단다. 때로는 아이 하원 시간에 맞춰 데려가는 일을 깜짝 이벤트처럼 생각했다. 설레며 갔다가 혼자 교실에 남아 있는 아이 모습에 울컥했던 적도 있다. 깜짝 이벤트가 아니라 그저 함께 있을 수 있는 시간이 몇 배는 더 소중할 때라는 생각에 마음이 복잡했다. 휴직하는 동안 아이와 함께 지내는 것도 사실 고역이었는데. 키가 자라고 학년이 올라간다고 해서 엄마에 대한 갈증까지 사라지는 것은 아님을 이해하게 되었다.

워킹맘은 일하면서도 아이에 대한 애착 관계 형성에 촉을 곤두세워야 한다. 늘 할 수 있는 최선의 마지노선을 스스로 재단하고 결정해야 하는 중압감에 시달린다. 대한민국 합계출산율이 0.7명이다. 정부가 아무리 막대한 예산을 지원한다 해도 기사 내용들을 면밀히 살펴보면 뾰족한 대안이 없다. 도와줄 생각이 크지 않다는 뜻이다. 게다가, 막상 아이를 낳고 보니, 여러 가지 사회적 장치라고 일컬어지는 제도들은 나와는 별개였다. 오히려 워킹맘들끼리 알음알음으로 얻는 정보들이 더 요긴했다. 차라리 그 와중에 등원 도우미를 활용하고 있는 나는 용감한 편에 속했다. 믿을 만한 보육자를 찾지 못해 연로하신 조부모에게 아이를 맡기는 경우가 대부분이었기 때문이다. 그마저도 조부모가 아이를 돌보다 몸이라도 다치거나 생활비를 요구하면 재테크는 먼 나라의 이야기가 되었다. 나는 늦게 결혼한 탓에 조부모에게 아이를 맡길 생각조차 못 했다. 그분들의 노후생활도 존중해 드리고 싶은 마음이 컸다.

그저 그렇게 생각하는 대로 살아보려 했는데 마음대로 되지 않았다. 살림도 요령껏 하려 했다. 약한 체력 보완을 위해 이리저리 궁리했다. 그런데도 내 체력은 자주 한계를 드러냈다. 서글펐다. 성심껏 '도와주겠다는' 신랑의 다정한 말투도 얄미웠다. 누군가에게 표현하기 애매한 억울함은 쌓여만 갔다.

앞서 말한 '야심 찬 엄마표 육아'는 거의 강박에 가까웠다. 이런저런 좋다는 것들을 차분히 생각하는 과정은 생략된 채였다. '엄마표 엄마표' 하며 놀아 주다가 뒷정리가 감당되지 않아 저녁 시간을 훌쩍 넘기곤 했다. 퇴근길에 꾸역꾸역 해내는 저녁상은 정성스럽지도 맛있지도 않아서 괜스레 속상했다. 홈트레이닝을 하다가 무리를 했는지 근육이 뭉치기 시작했고 아침에 무리를 한 날에는 더욱 몸이 쳐졌다. 내 몸에 대한 상식도 없었고 내 기질이나 성격에 대한 파악도 어렵게만 느껴졌다. 그러면서도 매일 일찍 일어나려 기를 썼다. 일어나서 명상이라도 해 봐야지 하고 멘트를 듣는데 주르륵 눈물이 흐르고 만 것이다.

"일을 제대로 하려면 그 방법을 알아야 한다.

그대가 원하는 삶을 살고 싶다면

원하는 것을 어떻게 해야 하는지 방법을 알아야 한다."

   톨스토이가 『살아갈 날들을 위한 공부』에서 말한 내용이다. 당시 나의 일상은 거대한 성벽 앞에서의 아우성 같았다. 도대체 내가 모르는 저 '방법'은 뭘까. 문득, 내가 원하는 것과 내가 원하는 삶이 어떤 것인지도 헷갈리기 시작했다. 워킹맘인 당신도 어느 날 아침 출근 전 눈물이 흐른 적은 없는가?

이십 대에는 결핵, 사십 대에는 폐렴?

"일이 많으신가요? 잠시 관두시고 입원하셔야겠는데요. 보호자 동반하시고 수술하셔야 합니다."

"…치료하는 데 오래 걸리나요?"

"지금 병실이 다 차서요. 암 환자도 통원 치료 중이라…. 환자분도 통원 치료하셔야 할 것 같네요."

그냥 좀 피곤하다고 생각하고 일하는 중이었다. 감기겠거니 하며 잦은 기침을 대수롭지 않게 여겼는데 동료 선생님이 내게 기침 소리가 심상치 않다고 하시며 큰 병원에 한번 가보라고 말해 주었다. 정말 병원에 가 봐야 하나. 불행인지 다행인지 3차 진료할 수 있는 병원이 직장 코앞이어서 한번 가봐야겠다 마음먹던 참이었다. 그날 아침은 지하철역에 내리자마자 기침이 멈추질 않았고, 온몸에 식은땀이 흐르면서 기운이 쭉쭉 빠졌다. 뭔가 이상했다. 조퇴하고 1시간 넘게 기다려 진료를 봤다. 이게 무슨 날벼락이람. 의사 선생님은 내게 기관지 결핵이라며 지금 상태가 심한 편이니 수술 날짜를 되도록 빨리 잡자고 하셨다. 무리를 많이 한 것 같다며 일은 당분간 하면 안 된다는 말씀도 덧붙이셨다. 내 나이 27살. 대학을 갓 졸업하고 열심히 일만 하다가 처음으로 얻은 병이었다.

어쩌겠는가. 부모님들은 많이 놀라셨지만 내 곁에서 수술하는 과정을 지켜보셨고 그동안 내가 힘들게 일해 온 것에 대해 마음 아파하셨다. 결핵약은 생각보다 복용 기간이 길었던 데다가 하루라도 복용하지 않으면 내성이 생겨서 위험했다. 소변 색깔도 주황색이어서 무서웠고 머리카락도 느낌상 조금씩 빠지는 것만 같았다. 드라마에서나 보던 각혈을 내가 아침마다 하면서 침대에 누워 있자니 우울했다. 집에서 약만 먹고 라디오만 듣던 어느 날. 당시 음악 라디오 프로그램에서 쇼팽이나 슈베르트, 톨스토이가 결핵이나 폐렴으로 생을 마감했다는 걸 처음 알았다. 그들이 그렇게 살고 싶어 했던 '내일'이 독한 결핵약을 먹고 누워 있는 나의 '오늘'이구나. 이렇게 나는 살아나고, 그들은 똑같은 증상임에도 죽었겠구나,

라는 생각이 들었다.

몇 개월간 그렇게 집에서 요양한 후 직장으로 돌아갔을 때는 마음껏 야근하기가 조심스러웠다. 자질구레한 잡무도 힘겹게 느껴졌다. 병 휴직 기간만으로는 완전히 회복되지 못한 내 몸이 다른 것들마저 주저하게 했는지도 모른다. 그리고 그 불안한 마음은 직장을 옮기고서도 후유증으로 이어졌다. 결핵을 완치하고 나서 직장을 옮겼는데도 내 몸은 좀처럼 건강해지지 못했다. 자주 피로함을 느꼈고 이전에 비하면 간단한 일 처리에도 몸에서 이상 반응이 나타났다.

대상포진과 하지정맥. 며칠씩 병가를 내는 일들이 줄줄이 생겼다. 하지정맥 수술도 생각보다 심각해서 입원까지 해야 했다. 무엇보다 내가 '아픈 사람'이라는 것이 참 슬펐다.

그렇게 마지못해 지내던 어느 날이었다. 뭔가 방법이 없을까 고민하던 중 문부성 일본 유학 프로그램을 발견했다. 2년이 채 되지 않는 기간 동안 연구할 수 있는 프로그램이다. 시험절차가 조금 번거롭긴 했지만 도전해 보기로 했다. 아니 좀 더 솔직히 말하자면 간절했다. 환경을 바꿔 보고 싶었고

나 자신에게 주어진 새로운 기회라 생각하니 정신이 퍼뜩 들었다. 일과 공부를 병행하는 동안 내내 가슴이 두근거렸다.

시험 발표가 있는 날이었다. 손에 땀을 쥐며, 홈페이지 합격 발표 공지란을 보는 순간 심장이 쿵쾅거렸다. 합격이었다. 아무에게도 내색 안 했지만, 출국 전 오리엔테이션을 받으러 영사관에 가는 날에서야 긴장이 다 풀렸다. 족쇄를 잠깐 벗은 기분이랄까. 그 후, 1년 반 동안 나는 일본에서 하고 싶은 공부를 했다. 그제야 내가 내 몸을 얼마나 홀대했는지 보이기 시작했고, 생각지도 못한 신선한 경험들로 일상을 채워 나갔다.

일본에서는 무엇을 하든 처음 겪는 일들이라 한동안 분주했지만, 그 당시 내게는 공부보다 건강이 최우선이었기에 내 몸을 아끼려 애썼다. 되도록 쉬어 가며 운동했고, 즐겨 가며 공부했다. 그것만으로도 충분히 내 삶이 치유되는 듯했고 사는 동안 건강을 지키는 것만큼 소중한 게 없다는 찐 경험을 했다. 밤마다 혼자 벚꽃 드리워진 강가를 산책하다 보니 근력도 생기고 혈색도 좋아졌다. 무엇보다 내 인생에서 일본 유학은 건강의 소중함을 일깨워 준 '쉼표' 같은 시간이었다.

그렇게 건강을 찾아 귀국한 지 3년 만에 결혼했다. 어느덧 내 나이는 30대 중반. 당시 내 인생에 도대체 무슨 일이 생길지 감지나 했으면 좋으련만. 결혼하고 1년 후에 첫 아이를 출산하고 이듬해에 둘째를 낳았다. 예쁜 공주들이다. 산후조리원에서 고령인데도 자연분만한 유일한 산모였다. 두 아이를 낳으면서 배앓이로 비틀었던 진통 시간과 무통 주사의 감각 그리고 마지막 순간에 내질렀던 내 포효를 잊을 수 없다. 나는 분명 사람이었지만, 한순간 동물의 울음소리에 버금가는 소리를 내지르는 나를 의식하고는 '이게 바로 생명이구나. 신비 그 자체구나.'라고 깨달은 찰나. 엄마가 되는 두 번의 순간을 그렇게 온몸으로 느꼈다. 특히 둘째는 첫째 때의 산후조리원 시스템이 마음에 들지 않아 병원에서 배꼽만 정리하고 포대기에 싸서 집에 데려왔는데 그때부터 어렴풋이 내가 긴장하고 있음을 감지했다. 단란한 가족이라기보다 4인 가족 군단 합체를 이룬 묵직한 느낌이었다.

갓난아기 둘과의 4년 휴직 기간에 대해 고백하자면, 내가 이제껏 겪어 본 최고난도의 수행 기간이었다고 말하겠다. 말 안 하는 아기는 내가 쉴 새 없이 안아주고 먹여주고 말해 줘야 했다. 그리고 아이가 조금씩 자랄 때마다 쉬는 시간은 줄어들었다. 쉴 새 없이 말을 걸고 온 집안을 어지럽혔기 때문이다. 내 정신 줄은 말 그대로 수천만 번씩 흔들렸다.

휴직 중 남편이 출장 갔던 날이었다. 그날은 참 집에 있기가 싫었다. 혼자 아이 둘을 데리고 외출을 감행했다. 잘 놀고 집으로 돌아와 아이들을 씻기려고 했을 때, 둘째가 막 잠이 들려는지 막무가내로 떼를 쓰며 나를 주먹으로 때리기 시작했다. 그 조그만 손으로 나를 때리고 또 때렸다. 정말이지 견디기 힘들었다. 무언의 힘으로 손목을 잡고 5분 안에 씻겨야지 하던 순간, 욕실에 쨍하고 퍼지는 날카로운 울음 한 줄기. 겨우 다 씻기고 잠깐 수건을 가지러 간 사이, 욕실 모퉁이에서 알몸으로 웅크리고 자는 아이의 모습을 보자 아차 싶었다. 그날 하루 정말 열심히 놀아 주고서도 아이들 컨디션 조절에 실패한 나도 안타까웠고, 하루 정도 샤워 안 시키는 게 무슨 대수라고 그렇게 억척스럽게 씻기려 했는지 스스로가 한심했다. 정작 나는 그날 제대로 씻지도 못하고 온몸이 땀범벅이 된 채 울다 쓰러져 잤으면서 말이다.

엄마가 되는 과정은 그러했다. 그렇게 조금씩 엄마라는 이름으로 죄책감을 느끼는 일들이 많아졌다.

"잠은 잘 주무시나요? 무리를 많이 하시나 봐요. 엑스레이를 한번 찍
어 보고 검사를 좀 더 해 보죠."
"…왜요?"
"음… 확실치는 않은데 폐렴인 것 같아요. 입원하셔야 합니다."
"…아… 네…."

후우. 한숨을 쉬며 진료실을 나와 신랑에게 전화를 걸었
다. 내가 입원하면 아이들 등원은 어떡하나. 내가 입원하는
동안 어느 분에게 부탁해야 하나. 신랑은 여자아이들 원피스
앞뒤도 모르고 머리카락도 묶지 못하는데. 폐렴이라 가족 면
회도 1층 로비에서만 가능하다는데 아이들이 나를 찾지는 않
을까. 결핵을 완치한 후 환절기에 감기를 특히 조심하라고
했던 의사의 말이 떠올랐다. 20대에 앓았던 결핵의 흔적이
30대를 훌쩍 넘어 40대에 이르러 결국 면역력이 바닥을 치
자 폐렴으로 드러난 게 아닐까.

이 세상에 불필요한 경험은 없다더니 정말 그랬다. 나는

폐렴으로 입원한 당일부터 거의 이틀 동안 꼬박 잠만 잤다. 간호사가 깨우면 밥 먹고 약 먹고 기관지 치료하고 다시 침대로 가서 누웠다. 자면 잘 수록 침대 속으로 꺼질 것처럼 깊은 잠이 몰려왔다. 식구들에게는 미안했지만 그렇게 나는 40대의 반짝 휴가를 폐렴으로 입원하고서야 얻었다.

> "만약 어떤 사람이 시련을 겪는 것이 자기 운명이라는 것을 알았다면,
> 그는 그 시련을 자신의 과제, 다른 것과 구별되는 자신만의 유일한
> 과제로 받아들여야 한다."

빅터 프랭클 『죽음의 수용소에서』에서 나온 말이다. 그의 말에 따르면 아우슈비츠라는 어마어마한 수용소가 아무리 희망을 앗아가는 환경이라 할지라도 그것은 개인의 내적인 선택의 결과이지 환경의 탓은 아니라고 한다. 무슨 말인가 하면, 강제 수용소에서도 운명을 가르는 결정적 순간은 늘 있기 마련이고 언제든 그 운명을 선택할 수가 있었다는 것이다. 가만 있어 보자. 그렇다면 내가 그렇게 쓰러져 가면서 힘들게 지냈던 것도 내 개인의 내적인 선택의 결과였다는 뜻인가? 그곳이 병원일지언정 그러한 운명을 내가 내적으로 선

택한 결과라면 이후에 어떻게 해야 했다는 거지?

도스토옙스키 역시 자신의 고통이 가치 없게 되는 것이 두렵다고 말한 적이 있다. 다시 말해 어떤 시련이나 고통도 가치가 있으려면 삶을 의미 있는 것으로 만들어야 한다는 뜻이다. 고백하건대 나는 폐렴으로 입원하고 퇴원을 한 이후에도 도스토옙스키나 톨스토이의 저 글귀들을 더 깊이 이해하려 노력하지 않았다. 그저 아프지 않기만을 바라기만 했다. 언제쯤이면 쉴 수 있을까 상상만 하면서 말이다.

'20대에 결핵, 30대에 출산과 우울증, 40대에 폐렴, 도대체 난 언제 쉬냐고요.'

결혼생활이 이런 거였어?

무라카미 하루키의 산문집에는 이런 내용이 있다.

자신도 한 번밖에 결혼해 본 적이 없어서 자세히는 모르나, 결혼이라는 게 좋을 때는 참 좋은데 안 좋을 때는 자꾸 딴생각을 떠올리려 한다고. 그래도 좋을 때는 아주 좋으니, 부디 행복해라 라는, 간결한 내용이다.

산문집이다 보니 두서없이 읽다가 저 부분에서 읽기를 멈추고 한동안 생각에 잠겼다. 아무리 저명한 작가라도 결혼생활에서 부부 싸움을 했을 때만큼은 비슷한 생각을 하는구나. 각종 부부 모임이나 주변인들에게서 어떻게 만났는지에 대한 이야기는 자주 오고 가지만 결혼 이후 살아보니 어떠냐고는 별로 이야기하지 않는다. 솔직히 누가 물어온다 해도 기분 좋게 결혼을 권할 만큼 유쾌한 모델은 되지 못하지만, 저 짧은 문구만으로도 기혼자의 고뇌와 지혜가 고스란히 느껴져서 그 대답으로 충분하지 않을까 싶다.

"지금 새벽 12시가 넘었잖아요! 요구르트 안 사 먹여도 괜찮아요. 잠깐 이러다 말 거예요."
"아니 아이가 요구르트 먹고 싶다고 잠도 안 자고 울고 있잖아요! 편의점에 얼른 가서 사 오면 돼요."
"그걸 먹는다고 아이가 쉬이 잠들지 않아요. 잠투정 습관의 하나라고요! 좀 괴롭긴 해도 조금 있어 보면 울음을 그칠 거예요."

둘째의 잠투정이 심했다. 가족 모두 잠들려 하는데도 혼자서 자기 싫어서 갖은 꾀를 다 쓰는 것 같았다. 처음엔 칭얼거리다가 잘 듯 말 듯 하더니 어김없이 일어나 물을 달라 주스를 달라 밥을 달라고 하면서 새벽을 훌쩍 넘겼다. 맞벌이 부부로서 잠이 부족하면 항상 다음날 컨디션까지 망가지기 일쑤였고 아이의 잠투정은 몇 개월 동안 이렇다 할 개선 없이 심해지기만 해서 꽤 고역스러웠다. 여러 가지 복합적인 이유가 있었겠지만 나는 어떻게든 아이의 수면 교육이 잘 안 되고 있다는 걸 인정하고 새로운 시도들로 노력하는 중이었다.

그에 반해 남편은 상황을 있는 그대로 해석하고 당장 아이의 욕구를 들어주어 상황을 일단락 지으려는 경향이 강했다. 새벽에 요구르트를 사 달라고 조르는 아이에게 요구르트를 사다 주려는 아빠와 아이 버릇만 나빠지는 안 좋은 습관이니 단호하게 들어주지 말아야 한다는 엄마.

　말하자면, 아이의 사소한 생활 습관을 바로잡으려는 생각의 차이였다. 생각이 다르면 방법이 달라진다. 방법이 달라지면 행동 역시 달라진다. 사사건건 부딪치는 행동의 차이는 생각의 차이로 인한 말다툼과 함께 깊어졌다.

　아이가 생기기 전까지는 크게 언성을 높일 일이 없었다. 있다 해도 취미가 비슷했고 성향이 둘 다 유순한 편이어서 무난하게 넘어갔다. 그런데 아이가 생기니 모든 것이 돌변했다. 그에게 나는 무척이나 예민한 완벽주의 아기 엄마였고 나에게 그는 무뎌도 너무 무딘 딸바보였다. 너그럽다고 생각했던 그가 아이의 생활 습관이나 교육관에 있어서 확고한 고집을 부리는 모습을 보면서 조금씩 언성을 높이는 일들이 생기기 시작했다. 서로 다르게 성장한 환경과 배경이 있으니, 존중과 배려를 할 줄 알아야 한다는 말은 너무 고상했다.

한번은 아이가 아플 때마다 내가 조퇴하는 것이 부담스러워 남편에게 연차를 낼 것을 부탁한 적이 있다. 일에 집중하다가도 틈을 내어 아이가 잘 있는지 확인하러 전화했더니 병원도 가지 않았고 약도 먹이지 않았단다. 내가 '연차 내는 것만 부탁했지, 병원 진료와 약 복용 얘기까진 하지 않았다'는 것이다. 치솟아 오르는 화를 누르며 통화를 마무리하고 옆에 계신 부장님께 하소연했더니 이렇게 말씀하셨다. 오해하지 말라고. 본인도 젊은 날에 아내에게 했던 행동들을 생각하면 지금은 너무 부끄러운 일이 많지만, 그런 행동들이 꼭 아내를 사랑하지 않아서가 아니라고 하셨다. 그 말을 듣는 순간 깨달았다. 내가 그동안 얼마나 내 방식대로 남편을 해석해 왔는가를.

그때부터였던 거 같다. 각종 심리학책과 성격 유형 검사에 관한 것들을 알아가면서 그의 문제뿐만 아니라 나에 대한 문제들도 들여다보기 시작했다. 그러나 관련 서적을 읽다 보면 그 순간뿐이었고, 일정 기간이 지나면 비슷한 모양을 한, 같은 문제들이 무한 반복되는 느낌을 받았다. 답답한 마음에 가까운 지인들에게 상담도 받아 보고, 유명하다는 철학관도가 봤다. 그러면서 느낀 것은 '다들 결혼생활이 이렇게 힘든 줄 모르고 시작했다'는 것이었다.

"당신이 4년 휴직했으니까, 아이가 초등학교 들어가면 이번에는 내가 휴직할게요."
그가 말했다. 걱정 반 기대 반으로 나는 대답했다.
"여자아이들이라 용모에 손이 많이 가요. 아이들은 엄마에게 길들어 있는데, 단순한 안식년 개념이라면 큰코다쳐요. 잘 생각해 보세요. 나도 휴직할 때가 힘들었지 계속 일하는 건 적응되어서 괜찮아요."

나의 휴직 4년이 그에게는 부러웠던 시기였나보다. 내가 아이들 젖병 먹이고 기저귀 갈고 감정 상태까지 정상적으로 추스르는 데 걸렸던 인고의 시간이 그렇게 비칠 수 있다는 게 놀라웠다. 오히려 초등학교 입학 시기의 휴직은 그런 생존본능과 관련된 체력 소모 없이 제대로 교감해 볼 추억들이 많이 생길 것 같아서 내심 기대했는데 아쉽기까지 했다. 그래도 직접 육아를 해 보겠다는 남편의 고마운 제안이라 생각하며, 기꺼이 그러기로 했다. 그리고 나는 그 일로 인하여 전혀 예상 밖의 문제들을 직면해야 했다.

"안녕하세요, ○○○ 어머니이시죠? 방과 후 교사인데 ○○이가 교실에 안 와서 연락드립니다."

"어머니, ○○○강사 ○○○입니다. 지금 전화 통화 가능하실까요?"

"안녕하세요, 어머님. 저번 주 ○○이 수업 결강으로 이번 주에 보강을 잡고자 합니다. 언제가 좋을까요?"

직장에서 수시로 울려대는 문자 폭탄에 머리가 어질어질했다. 휴직은 남편이 하고 있으니 남편 전화번호로 조율 부탁한다고 말을 해 봐도 민감한 일들은 결국 내가 직접 통화하고서야 해결이 되었다. 예를 들면, 학교에서 아이와 친구들 간의 관계에서 무슨 문제가 생겼거나 생활 지도상의 지도 편달 내용을 상세하게 전해 들으려면 모두 '어머니'를 찾았다. 직장을 다니면서도 동시에 아이들 감정 육아까지 도맡아하고 있는 듯한 억울한 감정이 올라왔다. 처음 느껴보는 긴장감으로 점점 살도 빠졌다. 가령, 아이가 감기라도 한번 걸리면 내 머릿속은 평소보다 2, 3배로 많은 일들을 시뮬레이션해 댔다. 간혹, 아이 감기가 가볍게 지나간다 해도 둘째 감기가 시작되고 다시 신경을 쓰다 보면 나의 일상으로 돌아오기까지는 일주일 이상이 걸리곤 했다.

한 번씩 두 아이의 스케줄이 완전히 꼬여 버리거나 학원비 송금 금액을 잘못 보내기도 하는 등 치명적인 실수를 하기도 해서 남편에게 인수인계하는 기분으로 차근차근 설명해 보기도 했는데, 무척 곤욕스러워했다. 마음과는 달리 행동이 기민한 편이 아닌 그에게 얼마나 부담스럽게 다가왔겠는가. 애써서 이제 조금 아이들에게 익숙해졌다 싶으면 아이들은 새로운 사건들로 나를 놀라게 하곤 했다.

내 마음을 꿰뚫어 보듯, 알랭 드 보통은 『낭만적 연애 그 이후의 일상』에서 이렇게 이야기한다. 현대사회에서 부부가 말하는 '평등'이란 실제로 '고통의 평등'을 말하지만, 괴로움의 양을 정확히 측정하기는 불가능하다고. 불행은 철저히 주관적인 법이니, '내가 더 불행하네, 네가 더 불행하네' 운운하며 따지는 것 자체가 함정이라는 것이다. 더군다나 '당신보다 내 인생이 훨씬 불행하고 억울해'라는 식의 자기 위안식 결론에서 벗어나려면 '초인적인 지혜'가 있어야 한단다.

바로 이 부분에서 내가 얼마나 놀라고 반가웠는지 아는가. 초인적인 지혜가 필요하다고? 고상한 문구로 힌트만 담긴

저 단어의 실체는 뭐지? 도대체 육아의 끝이 있기는 한 걸까. 나의 생활은 결혼생활인가 육아 생활인가. 절친한 선배가 앞으로 더 험난한 육아의 과정이 산재해 있으니, 지금을 즐기라는 말을 해 준 적이 있다. 그 말이 내게 득이 될지 실이 될지는 아직 모르지만, 적어도 내가 결혼하기 전에 이와 같은 사실을 알았다면 안 했을 거다. 이 정도로 힘들 줄은 몰랐으니까. 새하얀 웨딩드레스, 신혼여행 이후 이런 생활이 '진짜'라는 걸 몰랐으니까, 결혼을 한 거다. 많은 워킹맘에게 묻고 싶다. 당신은 육아의 터널에서 벗어났는가? 주례사의 근엄한 멘트대로 잘살고 있는가? 혹시 당신도 이렇게 힘든 줄 모르고 결혼한 것은 아닌가?

말로만 듣던 '번아웃'

새벽 2시쯤 되었을까. 남편이 나를 흔들어 깨우고는 고통스럽게 말했다.

"…배가 아파서요. 응급실에 혼자 좀 갔다 와야겠어요."

잠결에 알았다고 대답하고서는 현관문이 닫히는 소리가 들리자마자 벌떡 일어나 앉았다.

무슨 일이지? 이런 적은 한 번도 없었는데.

사실은, 바로 이틀 전에도 배가 아프다 해서 내가 운전해 응급실에 다녀온 터였다.

나의 촉으로는 분명히 간단한 증상이 아닌 듯했고, 예상은 적중했다. 나중에 들었지만, 쓸개즙이 안에서 터져 버렸다고 했다. 그날 저녁, 남편은 응급실에 다녀온 이후에도 심각한 배앓이를 하며 고통스러운 밤을 보냈고 이튿날 나의 성화에 못 이겨 조퇴하고 정밀검사를 받았다.

> "아가. 아들이 아주 아파서 수술해야 할 것 같구나. 증상을 봐서는 당장 해야 하는데 쓸개즙이 이미 다 퍼져서 염증 수치가 너무 높은 상태라 당장 하기는 어렵다고 해. 수술하고 퇴원까지 장기 입원이 될지도 모르겠다. 어휴. 네가 일을 하고 있고 아이들도 있으니 여기 걱정은 말고 지내거라. 내가 보살피마."
>
> "…네, 어머니. 차라리 원인을 알게 되어서 후련해요. 응급실 많이 갔었거든요. 감사합니다. 어머니 믿고 전 애들 보고 일할게요. 나중에 다시 전화하기로 해요."
>
> "오냐. 네가 고생이 많겠다."

어머니께 고맙다 말씀드리면서도 심장은 마구 벌렁거렸다. 남편이 없다. 수술하기까지도 걱정이거니와 무사히 수술 후 나아질 때까지 그야말로 잘 버텨 내야 했다. 마음을 가다듬고 심호흡했다. 퇴근길이 평소보다 더 바빠졌다. 여기저기서 소식을 듣고 괜찮냐고 전화가 걸려 왔다. 괜찮다고 호기롭게 말해 두었지만, 나의 저질 체력을 잘 알기에 전략적으로 잘 지내야겠다고 다짐했다.

일주일 정도 지나고 나니, 몸소 느끼지 못했던 남편의 노고가 보이기 시작했다. 집안 쓰레기 분리수거는 모두 그가 해 주었고, 아이들 간식 챙기는 일이며 설거지하고 간단한 장을 봐 오는 일, 거실 청소 담당이었던 그의 역할이 고스란히 느껴졌다. 혼자서 다 할 수 있는 일이지만 왠지 서글퍼지는 날들이었다.

쳇바퀴 같은 일주일, 이 주일을 보내면서도 정작 병문안은 한 번밖에 가 보지 못했다. 병원이 멀기도 했고, 두 아이를 태우고 갔다가 다시 돌아와 일상을 지내려면 하는 수 없었다. 이 주일의 끝이 보이자 내심 감사하다 생각하면서도 이제 좀 일상이 나아지겠다는 기대가 생겼다. 반갑게 전화를 받았는데 남편이 말하길, 아직 몸 컨디션이 좋지 않아 아무래도 집으로 돌아가면 '못 쉴 것' 같으니 본가에서 한 달가량 요양하고 돌아가고 싶다는 말이었다. 그리고 요양 후 집으로 돌아오더라도 직장 또한 당분간 휴직을 길게 하고 싶다는 고백 아닌 고백을 들어야 했다.

아마 두 시간 정도 펑펑 울며 이런저런 얘기들을 한 것 같다. 그동안 어떻게 그렇게 힘든 상황을 버텨 왔으며, 왜 이제야 이런 식으로 말하는지, 더 이상 혼자서 버틸 재간이 없는데, 또다시 '나 혼자서도 잘할 수 있다', '당신은 걱정하지 말고 푹 쉬었다가 돌아와도 된다'고는 말하지 못하겠노라고. 사실 나도 그동안 아주 힘들었다고 솔직하게 말했다. 당시 얘기하면서 흥분도 했고, 훌쩍거리며 혼자서 중얼거리기도 했던 것 같다. 스스로 어떻게 마무리해야 할지 몰라 헤매다 정신을 겨우 추스르고 전화를 끊으려 했을 때였다. 놀라워하며 나를 괴롭힐 생각은 전혀 없었다는 무언의 침묵. 그렇게 잠자코 듣고만 있던 남편은 다음 날 집으로 돌아갈 테니 걱정하지 말라고 했다.

아무래도 신랑이 2주 정도만 병원에 있으면 내 일상이 훨씬 나아질 거라는 기대가 컸나 보다. 생각보다 수술이 무사히 끝나서 다행이었지만, 수술 이후 남편의 식단 조절부터 스트레스를 받는 일이 없도록 보살피는 것까지는 애초의 무리수였다. 고작 2주였지만, 그 이전부터 바닥을 긁다 못해 깊은 땅굴을 파고 지내던 전후 사정을 생각하면 그랬다. 나의 막연한 희망은 '견뎌 내야 할 고통'의 모습으로 실체를 드러

내었다. 어쩌면 신랑도, 나도, 아이들도 왜 이렇게 살아야 하는지 모르고 하루하루를 무의미하게 흘려보내고 있었던 건 아니었을까.

"미래에 대한 믿음의 상실은 죽음을 부른다."

빅터 프랭클 『죽음의 수용소에서』의 한 구절이 떠올랐다. 책 속 내용을 잠깐 빌리자면, 연말에는 집으로 돌아갈 수 있을 거라는 기대를 품은 수용소 사람들은 그 기대가 아무렇지 않게 무너지자 엄청난 좌절을 느끼며 속수무책으로 죽음을 맞이했다고 한다. 심지어 그즈음 사망률이 순간적으로 치솟았다고 할 정도이니 인간의 마음이 얼마나 육체와 긴밀한 관계가 있는지를 알 수 있다. 이를 방지하기 위한 치료로서 자주 인용되는 구절이 있는데, 바로 니체의 말이다.

"왜 살아야 하는지 아는 사람은 어떤 고통도 견뎌 낼 수 있다."

내가 왜 살아야 하는지, 무엇을 위해서, 어떤 목표를 가져야 하는지, 사명 비슷한 것이라도 생각해 본 적이 있었던가.

남편과의 통화를 끝내고 침대에 앉아 스탠드 하나만 켜 놓고 곰곰이 생각해 봤다. 말로만 듣던 '번아웃'이 이런 것이었구나. 나는 지금 탈진 상태에 가까운 경험을 하고 있다. 쉬어야지. 이게 다 뭐라고, 최소한의 것들만 추려서 일단은 버텨 봐야겠다. 왜 살아야 하냐고? 이렇게 계속 지내는 건 내가 원하는 삶이 아니니까. 이 상황을 벗어나기 위해서라도 지금 이 경험은 이겨내야 할 고통인 거겠지. 사명 따위 없지만, 우선은 지금 힘든 게 맞으니까, 인정하겠어. 제대로 대응해 보는 거야. 괜찮아. 올림픽 결승 경기에서 아주 아슬아슬한 순간에 쓰는 '작전 타임' 같은 거야. 생각을 해야 해.

"네, 안녕하세요. 선생님. ○○○ 엄마예요. 다른 게 아니라, 제가 집안 사정이 좀 생겨서요. 아이들 학원 당분간 쉬었다가 다시 연락드릴게요. 제가 힘들어서 그래요."

"네, 어머님. 알겠습니다. 그러면 언제부터 가능하실지 연락해 주시고요. 갑작스러운 연락이라 이번 수업은 따로 보강 안 할게요. 필요하시면 교재라도 댁에 전달해 드릴까요?"

"…아, 저기… 교재도 멈춰 주실 수는 없나요?"

"어떡하죠? 그렇게 하시려면 적어도 일주일 전에 연락을 주셨어야 해요, 어머님."

　여러 가지 행정적이고 사무적인 말들이 이어졌다. 무슨 이유인지 캐묻는 분위기도 있었고, 언제쯤 다시 연락하겠다는 확답을 받고 싶어 하는 끈질김도 느껴졌다. 수화기 너머의 사람들은 나의 절박한 심정을 헤아리기보다 자신들의 스케줄 변경에 신경을 곤두세우는 듯했다. 나와 남편이 당장 아파서 아무 일도 못 한다 한들 그들이 우리 가족을 신경 써 줄 수는 없는 일. 매정한 현실을 직면하는 순간이었다.

　아이들은 학교 일정만 마치고 돌아와 집에 있기로 하고, 나도 칼퇴근하되 집안일을 줄였다. 빨래도 청소도 좀 덜 하고, 밥도 대강 있는 대로 차려 먹었다. 집안은 지저분해져도 괜찮았다. 남편이 함께 집에 있어 주는 것만 해도 마음이 따스해졌다.

　한동안 스스로 '그만하겠다', '여기까지만 하겠다'는 말들을 하고 보니, 그동안 참 거절하지 못하고 몰아붙이면서 살아왔다는 생각이 들었다. 완벽주의 성향의 내 모습을 바라보며 사소한 행동도 천천히 느리게 해 봤다. 꼭꼭 씹어서 밥을 천천히 먹는다거나 산책할 때 일부러 느리게 걸어 보기도 하면서.

그러면서도 미세한 불안감은 떨치기가 어려웠다. 언제까지 이렇게 지낼 수 있을까. 추수철에 과일을 수확하려 할 때, 한두 개의 과일이 썩은 거라면 과일에 문제가 있는 거겠지만, 모든 과일이 썩은 거라면 과일밭에 문제가 있는 거 아닐까. 정말 나만 이렇게 괴로운 걸까.

잠정적 보류를 해 가며 잠시 '작전 타임'을 가져 본 것에 후회는 없다. 하지만, 뼈아픈 '번아웃'을 경험한 이후 다시는 그와 비슷한 경험을 하며 살고 싶지는 않았다. 어떻게든 이 작전타임이 일회성으로 그치지 않도록 하고 싶었다. 기왕 작전 타임을 가졌으니, 작전 타임 이후의 전략도 세워야 한다. 그리고 그 전략대로 반드시 실행에 옮겨야 한다. 그래야 내가 원하는 삶을 살 수 있다. 어떤 전략이 좋을까? 번아웃은 내게 '전략의 필요성'을 남겼다.

나를 위한 '그 무엇'이 필요해

> "사람들은 저마다 급행열차를 타고 어딘가로 향하지만
>
> 정작 자신들이 찾는 것이 무엇인지 알지 못해.
>
> 그래서 분주하고 흥분한 채로 제자리를 맴돌기만 해."

생텍쥐베리의 『어린 왕자』에 나오는 내용이다. '전략의 필요성'을 느끼면서 현실에 떠밀려 지냈던 날들과 거리를 두려했다. 열심히 뛰어왔지만 정작 몇 걸음밖에 나가지 못한 느낌이 길었다. 우선, 분주함에서 벗어나자. 모든 것을 단순히 중지하는 것과는 다르다. 현실에서 주어진 일들은 묵묵히 해나가면서 지친 내 심신을 충전하고 일으켜 세울 만한 것을 찾아야 했다. 알아내야 했다.

이런저런 생각들로 잠 못 이루던 주말. 다시 잠들기는 틀렸다 싶어 이불을 걷어 내고 일어나 보니 아직 새벽 3시가 조

금 넘은 시각이었다. 조용히 거실 베란다로 나와 창밖을 보며 물 한 잔을 마셨다. 세상이 잠든 시각. 가로수 옆에 주황색 가로등만 텅 빈 거리를 비추고 있었다.

'…예쁘네.' 그냥 그렇게 멍하니 바깥 구경만 30분 정도 했을 뿐이었는데도 신기하게 마음이 편안해졌다. 여러 가지 신선한 생각들이 떠올랐고 새벽 여명을 지켜보고 있자니 뭔지 모를 희열감마저 느껴졌다. '이렇게 해가 밝아오는구나.'

조용한 햇살이 창가에 비치기 시작하자 눈을 감고 음악을 들었다. 어린 소녀가 잔디밭을 뛰어다니는 모습이 보였다. 꽃향기를 맡아 보기도 하고 참새들을 쫓아 달려 보기도 하고 쪼그려 앉아 나뭇가지로 바닥에 뭔가를 그리기도 한다. 숲속 음악과 어울리는 기분 좋은 상상이었다. 눈을 뜨고 당장 메모를 했다.

'주말에는 새벽에 일어나 공원 산책을 할 것.'

그때부터였다. 하나둘씩 내 일상 루틴을 되짚어 보았다. 그리고 몇 번의 시행착오 끝에 깨달았다. 쉰다는 것은, 누워 있는 시간을 확보하는 게 아니라는 것, 제대로 쉬지도 못하면서 장시간 누워 있기보다 '쉬면서 깨어 있는' 시간을 발굴하는 것이 시간 관리의 관건임을.

평일 5일을 보내고 이틀을 충전하기보다 5일 동안 매일 제대로 쉬는 시간을 확보하는 것이 훨씬 나아 보였다. 숨 가빴던 나의 24시간을 영화를 되돌리는 기분으로 느리게 다시 떠올려 보았다. 조금씩 비어 있는 시간이 보이기 시작했다. 버려졌던 시간이 내게 의미 있게 다가오기 시작했다.

시간은 크게 아침 시간, 점심시간, 저녁 시간, 심야로 나누었다. 젊은 날에 지독한 야행성이었다. 심야에 무언가를 한다는 건, 내게 어색한 일이 아니다. 그러나, 이제는 그 시간에 깨어 있다는 것 자체가 모험이 되었다. 자칫 잘못하면 밤을 새울 수도 있고, 이튿날 몽롱한 상태로 일어나기라도 하면 불쾌한 감정이 가족들에게 전이될지도 모른다. 무엇보다 건강에 자신이 없었다. 점심시간으로 넘어가자. 늘 고요하게 생각할 수 있는 공간이 필요했다. 그 시간이 무척 고픈 나는 직장 내 도서관에서 잠시나마 쉬어 보는 연습을 하기로 했다. 그리고 식후 주변을 잠시나마 산책하는 일도 잊지 않았다. 하늘의 빛깔 살피기, 구름 흐르는 모양 지켜보기, 바람결

온도를 손바닥으로 느끼기. 작지만, 내가 '잘 지내고 있다'는 소중한 신호만큼은 움켜쥐고 살고 싶었다.

　이제 남은 건 아침 시간과 저녁 시간. 그런데 사실 저녁 시간은 아이들과 이래저래 놀아 주고 밥 먹이다 보면 딱히 시간이랄 게 없다. 그저 요리하는 동안 아이들과 이야기하거나 휴대폰으로 힐링 되는 음악을 듣는 것으로 만족하는 수밖에. 저녁 시간은 가족과 함께 하자.

　눈치챘겠지만, 가장 여유롭게 남는 시간은 아침 시간뿐이었다. 아침 시간 활용은 심리적으로 내가 가장 힘겨워하는 시간대이다. 학창 시절 때부터 밤늦게 공부하는 습관이 들기도 했고, 아침 일찍 일어나 무언가를 한다는 것은 준비 체조 없이 실전경기에 임하는 것처럼 부담스러웠다. 그러나 두 아이 등교 시간을 생각하면 엄마인 내가 아침에 늦게 일어나게 될 경우, 하루의 시작이 무거워진다. 엄마의 무게감에 기꺼이 응대하는 마음으로 내가 즐겼던 심야 대신 아침 시간을 택하기로 했다. 휴대폰 알람은 조심스럽게 6시로 저장했다.

　아침 6시에 일어나 집안 어디에서 무엇을 할까. 한순간 나는 로봇이 되어 레이저 달린 눈으로 온 집안을 훑는다. 다행히 거실 창가에 크고 흰 테이블이 있다. 새벽이 밝아오는 것을 한눈에 볼 수 있으니 더 이상 망설일 필요도 없었다. 그 테이블에서 이젠 뭘 하면 좋을지 생각했다. 처음에는 정말 그랬다. 일단, 일어나서 아무거나 하고 싶은 것들을 해 보기로 했다. 혼자 깨어 있는 시간이니 뭐든 떠오르겠지 하며. 도둑고양이처럼 새벽에 일어나 거실 테이블에 앉아 영화를 보든 책을 읽든 낙서하든, 내 마음대로 해 볼 생각을 하니 배시시 웃음이 났다.

출근 시간보다 1시간 일찍 일어났을 뿐인데도 이것저것 해 볼 수 있는 것들은 많았다. 자세한 이야기는 잠시 뒤에 하도록 하자. 문제는 그럼에도 무슨 슬럼프처럼 그 1시간을 더 자겠다고 침대에서 꼼지락거리며 푹 꺼지는 시기가 어김없이 찾아온다는 것이었다. 마치 새로운 습관을 형성하기 위해 거쳐야 하는 나 자신과의 사투 같았다. 이 길, 생각보다 까다롭겠다는 예감과 함께.

"씨를 뿌려야만 돌 틈에서든 사막 위에서든

험난함을 뚫고 꽃이 피어난다.

유리한 상황, 더 나은 조건을 기다린다는 핑계로

지금 씨를 뿌리지 않는 사람은 그 어떤 작은 꽃도 얻을 수 없다."

보도 셰퍼의 『이기는 습관』에 나오는 말이다. 지금 당장 내가 뿌려야 할 씨는 무엇일까. 어떤 씨앗을 뿌려야 내가 원하는 꽃을 피울 수 있을까. 씨앗을 뿌리기 위해 나는 어떤 마음이어야 하나. 지금 당장은 돈도, 건강도, 행복도 뜬구름 잡는 이야기 같았다. 무언가를 위해서라기보다 있는 그대로 내가 잘 지내고 있음을 누리면서 지내고 싶었다. 내 마음이 흐르는 대로, 내가 하는 모든 행동이 진심이 되기 위해 '그 무엇'이 필요했다. 다시 말하자면, 나는 그동안 씨앗을 뿌릴 마음조차 없었던 것이다.

생각을 깊게 깊게 하다 보면, 그저 모른다는 것을 알고 있다는 것만으로도 자그마한 위안이 될 때가 있다. 내 현주소를 이제야 파악했다고 후회할 필요도 없다. 뭐든 시작하기만 하면 되니까. 조금씩 천천히 해 보기로 했다. 슬럼프가 올 때마다 '씨앗을 심으려고' 생기는 금쪽같은 시간이라는 생각을 거듭했다. 때로는 내 생각과 행동이 말 잘 듣는 아기처럼 순수했지만, 그렇지 않은 날들이 더 많았다. 거친 파도 위에서 갈 길을 헤매는 돛단배처럼 위태로운 내 마음을 길들여야 했다. 길들일 시간이 필요했다.

내게 필요한 '그 무엇'을 탐색하는 연습은 그렇게 시작되었다. 바꿔 말하면, 나에 대해 '관심'을 가지기 시작한 것이다.

"자신의 잠재력을 온전히 발휘하지 않는 사람,

나는 그를 게으름뱅이라고 부른다."

소크라테스의 말이다. 아마도 우리 모두에게는 잠재력이 이미 내재되어 있으며, 그것을 알아차리려고 노력하지 않는 자들이야말로 게으름뱅이라는 뜻일 것이다. 그동안 내가 힘들게 몰아붙이며 살아왔던 날들, 쓰러져 가면서 일하고 번아웃이 될 때까지 스스로를 괴롭혔던 배경에는 나의 잠재력을 철저히 외면하고 고집스럽게 '해야만 하는 일들'에 집착한 미련함도 있지 않았을까. 그런 의미에서 나는 게으름뱅이였다.

당신에게 잠재된 '씨앗'은 무엇인가. 그 씨앗으로 어떤 꽃을 피우고 싶은가. 봄날의 화사한 꽃 한 송이를 피우기 위해 긴 긴 겨울밤을 묵묵히 견뎌 내는 당신만의 '그 무엇'이 있는가.

2장
————————
번아웃을 극복하는
몰입 공부

오프라 윈프리는 내 영어 선생님

"Turn your wounds into wisdom."

(상처를 지혜로 바꾸어라)

오프라 윈프리의 말이다. 그녀의 넉넉한 품새와 걸쭉하고 허스키한 목소리, 그리고 레이저 광선처럼 뜨거우면서도 반짝반짝하는 눈빛이 저 짧은 영어와 함께 엄청난 전율을 일으킨다. 그녀의 존재에 그토록 무관심했던 내가 짤막한 영상 속 저 영어 한마디에 이제는 울컥한다. 본래 이름이 ORPAH(오르파)였는데 산파의 실수로 OPRAH(오프라)가 되었다지. 저렇게 유명한 사람이 털어놓는 자신의 이야기가 이렇게 내 가슴을 후벼파는 일인지 몰랐다. 그녀의 책을 읽고, 그녀의 이야기를 알고 나니, '상처를 지혜로 바꾸어라.'라는 그녀의 목소리는 그녀의 삶 자체였다.

세상에 좋은 책은 많지만, 그 책을 '언제' 읽느냐는 더 중요하다. 오프라 윈프리가 전성기를 누리고 있을 때, 나는 한창 학창 시절과 수험생 시절을 보내는 중이었고, 그녀가 여러 가지 논란으로 힘들어할 때, 나는 몸이 아팠다. 지금 생각하면 한 시대에 공존해 살아가고는 있지만, 서로 영향을 주고받지는 못하는 주파수가 엇갈린 행보를 하고 있었던 셈이다. 그러나, 어느 날 새벽, 그녀의 책을 통해 나는 그녀와 만났다. 아울러, 그녀가 친절하게 권해 주는 다른 많은 저자들을 통해 지구 반대편에서 또 다른 작가들의 영향을 듬뿍 받는 독자가 되었다.

처음 읽은 그녀의 책은 『내가 확실히 아는 것들』이었다. 그녀가 유명한 줄만 알았지, 어떤 인생의 굴곡이 있었는지 전혀 몰랐기에 책 내용을 이해하기에는 다소 갑갑한 면이 있었으나 굳이 찾아보지는 않았다. 그저 그녀가 많은 유명 인사들과 진정성 있게 대화하는 데 정통이 나 있다는 것, 그녀의 쇼에 출연하기만 하면 엄청나게 시청률이 오른다는 것 정도만으로 퍼즐 찾기를 하듯 책 내용을 가늠했다. 그러면서 점점 빠져들었다. 그녀가 말하는 '탁월함'은 흑인 노예 인권 특강을 계기로 뿌리를 내렸고, 그녀가 말하는 '감사'는 침대에서 일어나 두 눈을 뜨고 걸어서 욕실까지 갈 수 있다는 단순한 기쁨에서 비롯되었다. 수천 명을 인터뷰하며 깨달은 것들을 조용하면서도 근엄한 말투로 '당신이 정말 당신에게 일어나는 일들에 대해 제대로 이해하고 있다고 자신할 수 있느냐'고 묻고 있는 것 같았다.

특히, 몇 군데에서는 마음속에 꼭꼭 숨기고 있던 감정까지 들켜 버린 것 같아 밑줄을 쫙쫙 긋기도 했다. 예를 들면, 배우자와 언성 높여 말다툼할 때 그것이 진정 배우자를 향한 것인지 아니면 기어이 그렇게 버럭하며 분노를 터트릴 수밖에 없는 나의 문제인지, 그 말투와 행동의 근원은 나와 친정 엄마와의 애착 관계 형성에서부터 비롯된 것임을 알고는 있냐고 묻는 부분이 그랬다. 엄마와의 관계에서 정리되지 않은 감정 유전자가 얼마나 내 안에 건재해 있는지를 깨닫고는 뜨끔했다. 그런가 하면, 그녀들의 부모 세대와 조부모 그리고 그 윗세대들의 힘겨운 흑인 투표권의 역사를 설파하며 지금 우리들의 인생이 저저 주어진 것 같냐며 따끔하게 충고하면서도 변화를 위해 해야 할 것은 함께 힘을 보태어야 한다는 내용은 감동적이었다. 뜬금없지만, 그 부분을 읽으면서 더하면 더했지 덜하지 않았을 대한민국의 굴곡진 현대사를 겪어내신 할머니들의 한 맺힌 인생들이 머릿속을 비집고 들어와서 가슴이 먹먹해지기도 했다.

다들 쉽지 않은 인생들이었던 거다. 말없이 스러져 간 안타까운 인생들을 하나하나 어루만져 주고 싶어 하는 오프라의 마음이 놀랍게도 글에서 뿜어져 나왔다. 여운이 가시질 않았다. 이거 장난 아닌데. '영어 원서'로 다시 한번 더 읽어볼까. 영어 안 본 지가 언제인지 생각도 안 난다. 중년의 내게는 도전이 분명했다.

그렇게 『What I know for sure』 원서를 주문하고 번역본을 펼쳤다. 한 줄씩 대조해 가며 더듬더듬 읽어 나가니 나이를 거꾸로 먹었나 싶은 마음에 헛웃음까지 나왔다. 꼭지 글하나 읽는데 1시간 반이나 걸렸다. 새벽 시간 1시간 반. 고개들어 시계를 보면 출근 준비하기 딱 좋은 시간이 되어 있었다. 그래도 두 번째라며. 꾸역꾸역 위안으로 삼고 읽어 나갔다. 야금야금 한 장씩 읽어 갈 때마다 영어 원서 읽기의 묘미를 알아갔다. 어떤 날은 원서를 보는 일이 너무 재미있어서 출근 시간이 다가오는 줄도 모르고 몰입하는 순간이 생겼다. 너무 맘에 드는 문장인데 따라 적어 볼까. '꼭지 글 하나씩만 읽어야지.'하고 시작한 일이었다. 꼭지 글이 문제가 아니라 번역본의 해석에 감탄하기도 하고, 우리말은 긴데 단 한 줄로 표현된 영어 문장을 보고 혼자서 신기해하면서 필사했다. 내 맘에 드는 영어 문장을 발견할 때마다 깔끔한 메모지에 정갈하게 옮겨 써 보는 일은 그녀의 지혜 조각을 공유하는 느낌이 들어서 좋았다. 그녀의 파장에 닿는 느낌이었다.

　4개월 남짓 걸려서 『What I know for sure』를 완독했다. 색색깔 형광펜으로 너덜너덜해진 책과 필사 노트를 보니 뿌듯하면서도 아쉬웠다. 아무도 모르고 아무도 알아주지 않는 일이라 그런지 왠지 눈물겨운 느낌도 들었다. 분명히 다 읽은 책인데, 쉬이 책을 내려놓지 못하고 다시 책장을 넘기며 릴레이할 때 바통 터치하는 기분으로 그녀가 언급한 책들을 유심히 보았다. 이다음 영어 원서는 이 책 안에서 고르자는 마음으로. 그러자, '에크하르트 톨레'가 눈에 들어왔다. 적어도 이 책에서 '에크하르트 톨레'만큼 지면이 많이 할애된 작가는 없었다. 책 제목도 분명하다. 『A new earth』. 이번에는 원서와 번역본을 동시에 구입했다. 번역본이 두껍고 글밥도 훨씬 많았다. 세계 3대 영적 지도자라니. 나머지 2명은 달라이 라마와 프란치스코 교황 아닌가. 느낌이 살짝 온다. 사칙연산만 알다가 갑자기 미적분을 풀어 보겠다고 덤비는 기분이다.

새로운 세계를 만나는 기분으로 『A new earth』의 첫 장과 번역본을 펼쳐봤다. 신기했다. 지구라는 '행성' 이야기로 시작해서 나도 몰랐던 내 마음 깊숙한 곳에서 일어나는 일들을 매우 친절하고 상세하게 설명해 주는 책이었기 때문이다. 오프라 윈프리에게서 떠나 에크하르트 톨레에 빠지기 시작했다. 톨레의 책은 한 번 읽어서는 '읽었다'고 말할 수 없는 책이다. 에고, 고통체, 자아와 같은 키워드들이 책 속에서 유기체처럼 살아 움직이고 있기 때문에 맥락상 통째로 반복해서 읽어야 할 장들이 대부분인데, 그냥 '읽는' 책이 아니라 직접 실천해 보면서 수없이 다져야만 겨우 이해할 수 있는 개념들로 구성되어 있다. 앞선 오프라의 에세이집과 비교하자면 두 배의 시간을 훌쩍 넘는 9개월에 걸쳐서 면밀하게 읽어

나갔다. 자꾸만 책 속 내용에 빠져들다 보니, 내가 하는 모든 행동과 말투의 주인이 '에고'임을 알아차리게 되었고, 자연스럽게 숨겨진 내 '자아'를 의식하게 되었다.

　톨레 책의 가장 큰 장점은 '현재의 순간을 알아차릴 수 있도록 도와준다'는 것이었다. 그렇기 때문에 책의 어느 부분이든 읽고 나면 바로 일상에서 실천할 수 있었다. 내가 얼마나 의식이 깨어 있는지, 얼마나 노력하고 있는지, 얼마나 나아지고 있는지 하루만 지나도 바로 점검할 수 있다. 어제 쓴 일기장의 기록을 오늘 새벽에 확인해 보면 안다. 어떤 순간에 어떤 마음으로 화를 낼 뻔했는지, '에고'에 습격당하지 않은 순간들을 기록함과 동시에 에고임을 알아차린 덕분에 화내지 않을 수 있었음을 감사해하는 일들이 생겼다. 아이들에게 잔소리도 예쁘게 하게 되고, 치밀어 오는 화를 느낄 때마다 에고임을 상기시키면 웃어넘길 수 있었다. 굳이 철학관이나 심리학책을 파고들지 않아도 되었다. 좋은 책 한 권이면 이렇게 일상이 달라질 수 있음을 알고 나니, 책이 좋아졌다. 책이 나를 살리고 있구나 싶었다.

"The ego creates separation, and separation creates suffering.

The ego is therefore clearly pathological."

(에고는 분리를 낳고, 분리는 고통을 낳는다.

따라서 에고는 명백하게 병적이다.)

"You don't just marry your wife or husband,

you also marry her or his pain-body and your spouse marries yours."

(당신은 단지 당신의 아내 혹은 남편과 결혼한 게 아니다.

당신은 아내 혹은 남편의 고통체와 결혼한 것이고,

당신의 배우자도 마찬가지다.)

톨레의 책을 읽으면, 눈물을 쏙 뺄 만큼 가슴에 와닿는 구절들이 별처럼 많다. 아름다운 문장들이라기보다 내 마음을 들여다보는 힘을 스스로 기를 수 있도록 도와주는 따뜻한 말들이다. 마치 '이 정도면 충분히 이해됐으려나? 이제 혼자서도 잘할 수 있겠지?'하고 너그럽게 미소 짓는 할아버지의 모습을 연상시킨다.

영어 원서를 읽는다고 해서 꼭 다독해야 할 필요는 없다.

찬찬히 마음을 가다듬으면서 책에 몰입하다 보면 어느 순간 책 속 문장들이 내게 깊게 와 닿아서 머무르는 때가 있는데, 그 순간만큼은 책이라는 물성을 넘어 내 깊은 내면과 교감하는 생물 같다. 다독 말고, 내 삶에 '키 북'으로 삼을 만한 영어 원서를 반복해서 꼭 읽어 보기를 권한다. 물론, 아기자기한 영어 문법이나 구문 어휘 공부는 덤이다.

워킹맘의 작은 기적, HSK 4급

"人生最痛苦的是梦醒了无路可走。"

rénshēng zuìtòngkǔde shì mèngxǐngle wúlù kězǒu 。

(인생의 가장 큰 고통은 꿈에서 깨어났을 때 갈 길이 없다는 것이다.)

중국의 대표적인 문인이자 사상가 루쉰의 말이다. 내가 루쉰에 관심을 가지게 된 계기는 좀 부끄럽다. 어설프게나마 중국어를 공부하던 중, 그렇게 인접한 나라임에도 내가 읽은 중국 소설은 거의 없다는 것을 자각하고서야 그가 보였기 때문이다. 흥미로운 건 생각보다 그가 남긴 작품들은 많은데 아직 채 번역되지 않은 것들이 많다는 거다. 그는 아버지를 앗아간 이름 모를 병을 알고 싶어 의학 공부를 하러 일본 유학을 떠났고, 그곳에서 교수님이 보여주신 사진 한 장에 충격을 받고 중국으로 돌아와 문인이 되기로 한다.

그 사진은 일본이 2차 대전 당시 '스파이'라고 의심되는 중국인 사상범을 묶어두고 살해하기 직전의 모습이었는데, 아무런 문제의식 없이 그저 구경꾼이 되어 보고만 있는 같은 중국인들의 표정에서 루쉰은 망연자실했다고 한다. '사람을 살리는 것은 의술이 아니라 정신이구나. 문인이 되어야겠다. 글을 써야겠다.' 하고 마음먹은 것이다. 뒤늦게나마 그의 이야기를 알고 나니, 중국어를 더 깊이 있게 공부하고 싶어진다. 왜 이렇게 늦게 알게 되는 게 많나 싶지만 한편으로는 이제라도 알게 되어 다행이라 생각하며.

어릴 적부터 중국 영화를 많이 본 탓일까. 할리우드 액션 영화보다는 홍콩 누아르 액션 영화나 강시 영화, 요괴 영화를 인상 깊게 보았다. 세상에 진짜 저런 귀신이 있을까. 강시 중에도 착한 강시가 있구나 등등. 키득거리며 대사를 따라 하며 놀았던 것 같기도 하다. 한참 후에 알게 되었지만, 어린 시절 내가 보았던 영화들은 대부분 홍콩에서 제작된 영화들이었고, 1997년 홍콩의 중국 반환을 기점으로 진짜 중국 본토에서 만들어진 영화와 홍콩 출신 감독의 영화가 결이 달랐음을 이해할 수 있었다. 지금은 2024년. 홍콩에서도 대만에서도 중국어를 표준어로 다시 다 배우고 있다 하니, 중국어로 통용할 수 있는 나라는 더 넓어진 셈이다.

아주 잠깐 홍콩에 관한 중국 역사를 이야기하자면, 1841년 청나라는 아편전쟁에서 참패했고 홍콩은 영국군에게 점령당한다. 이후 영국은 1989년에 홍콩과 인근 섬까지 포함하여 99년간 그곳을 '빌리기'로 하는데 이는 중국의 현대사에서 가장 굴욕스러운 순간이기도 했다. 그리고 그 당시 현대 중국의 진통을 고스란히 감내해야 했던 그 세대들에게는 루쉰이 있었다.

비슷한 역사적 배경을 가졌기 때문일까. 일본에서 기숙사 생활을 하며 지낼 때 대만, 마카오, 싱가포르, 중국인 등 아시아 쪽 유학생들과 자연스럽게 친해질 기회들이 많았다. 그중 '조이'라는 별칭을 가진 한 중국 유학생은 나를 일본어로 '언니, 언니' 하면서 각별히 잘 따르는 편이었다. 거의 매일 얼굴 보고 야식 먹고 하는 사이였는데, 나중에는 누가 먼저랄 것도 없이 '언어 교환'(Excahnge language)이라도 우리끼리 해보자며 교재를 샀다. 어릴 적 과다한(?) 중국 영화 시청으로 중국어에 대한 거부감이 없는 나였고, 조이 역시 당시 한국

예능에 푹 빠져 자막 없이 보고 싶다고 노래를 불렀으니, 동기부여는 말할 필요도 없었다.

  일주일에 한 번. 2시간. 내가 조이에게 한글의 자음과 모음을 가르쳐 준 후 입 모양을 따라 해 보라며 가르쳐 주었고, 조이가 내게 한어 병음 읽는 법과 4성을 가르쳐 주었다. 딱 4성 연습. 초급 문장 몇 개 정도가 다였다. 왜 이렇게 진도를 안 빼주냐고 했더니, 4성만 익히는 데 원어민인 중국인들도 아침마다 학교 가면 시끄럽게 교과서를 읊어댄단다. 그래서 이 정도는 완전 속성이라나 뭐라나.

  아무튼, 어설픈 초급 딱지를 겨우 떼 내려 할 무렵이었다. 알싸해진 공기가 목덜미를 파고들던 늦가을, 나보다 먼저 귀국하는 조이를 역까지 배웅해 준 후 받았던 따뜻한 편지 한 통을 잊을 수 없다. 우리는 '친구'(중국인에게 '친구'는 가족만큼이나 강한 유대를 가진다. 혹여 나이도 어린 게 어디서 '친구' 운운하며 기어오르냐고 여기면 곤란하다.)라고, 언니가 있어서 외로웠던 유학 생활 견딜 수 있었던 것 같다고. (물론, 일본어로 쓴 것이다! 우리는 일본어로 더 잘 통했으므로.) 조이보다 몇 개월 뒤늦게 귀국할 예정이던 나는 기숙사 방에서 조이의 편지를 조용히 읽고 감격해서 울었다. 편지에는 '진정한 친구 사이에는 돈이 오고 가지 않는다'며, 서로 긴장하며 공부하자고 주고받았던 언어 교환 교습비가 고스란히 편지 봉투에 들어 있었기 때문이다. 이후, 중국에 출장 갈 일이 있어 전화도 해 봤지만, 상하이는 너무 넓어서 일정 맞추기가 어려웠고, 조이의 고된 취업준비 못지않은 나의 결혼생활과 긴 휴직으로 서로의 연락은 소원해졌다. 하지만, 조이가 내게 남겨준 추억과 선물은 큰 자국을 남겼다. 바로 중국어 4성과 '좋은 친구'. 묵혀 둔 조이와의 관계를 떠올리며 중국어를 매듭지어 보고 싶다는 욕심이 생겼다.

일단, 내가 어디까지 중국어를 기억하는지 궁금했다. HSK 문제집을 사 봤지만, 단번에 독학하기에는 무리였다. 그렇다고 인강을 들자니, 새벽 시간이 빠듯했다. 어쩌지. 에라 모르겠다. 워밍업으로 아이들이랑 도서관에 갈 때 중국어 원서 동화책도 하나씩 깍두기처럼 빌려 보는 거지 뭐. 아주 아주 드물었지만, 아는 단어가 조금씩 나와서 읽어 갈 만했고, 그림이 많은 동화책이다 보니 그럭저럭 그림과 글자의 배합을 구경하는 재미도 은은했다.

때로는 여행 중국어책을 펼치기도 했다. '조이의 나라는 엄청나게 크고 넓었구나. 이런저런 민족 간의 파벌도 상상을 초월하는구나.' 하면서 늦깎이 중국 역사와 문화 공부에 어느새 몰입했다. 그러다가 더 이상 도포 자락 휘날리며 사람이 하늘을 날아다니는 무협 드라마 말고 현대 중국인들의 일상을 다룬 드라마가 있다면 궁금해서라도 보고 싶다고 생각하기에 이르렀다. 그렇게 나는 『이가인지명』(가족이라는 이름으로)이라는 드라마를 알게 되었고, 새벽에 한 편씩 드라마 보면서 휴지로 코 푸는 워킹맘이 되어갔다.

"有血缘呢，不一定能为家人，但是互相爱护的人，一定可以。"

yǒu xuèyuán ne, bùyīdíng néng chéngwéi jiārén,

dànshì hùxiàng àihùde rén, yī díng kěyǐ.

(혈연이 있다고 해서 반드시 가족이 될 수 있는 것은 아니다.

하지만 서로 아껴주는 사람들은 반드시 가족이 될 수 있다.)

새벽에 깔깔거리며 웃을 수 있는 유쾌한 중국식 가족 드라마라고 생각했다가 눈이 퉁퉁 붓고 코를 훌쩍거리며 잠시 '일시 정지' 버튼을 누르고 꺼이꺼이 운 적도 있다. 내가 언제 드

라미를 보고 이렇게 빠져든 적이 있었던가. 내가 10대나 20
대에 이 드라마를 보았더라면 그저 그런 유쾌한 중국판 가족
드라마라고 여겼을지도 모른다. 그러나, 1화부터 내가 몰입
할 수밖에 없었던 결정적 이유는, 내게도 소중한 가족이 생
겼기 때문이다. 젊은 날과 달리, 토끼 같은 아이들이 이렇게
나 까칠한 여자를 두고 '엄마, 엄마' 외치며 줄레줄레 따라다
니며 뭐든지 나를 흉내 내려 한다. 사랑이라는 이름으로 끝
도 없는 잔소리를 지치지도 않고 쏟아내는 '괴물' 같은 아내
를 묵묵히 견뎌 내는 남편도 있다.

그렇고 그런 사연 끝에 엄마가 없는 아이들을 엄마 못지않
은 사랑으로 키워 내는 아빠들을 보면서 참 많이도 울었다.
아이들이 장성했지만, 깊은 마음 한편에서 모두 '엄마'로 인
한 상처에 속수무책으로 쓰려려하는 모습이 딱했다. 여기서
드라마 평을 하려는 건 아니지만, 드라마에서는 적어도 엄마
의 역할을 강조하지는 않는다. 그저 엄마도 실수투성이인 한
사람일 뿐임을 잘 그려내 주었다. 그게 마음에 들었다. 울다
웃으면서 그렇게 드라마를 다 완주하고 뒤늦게 깨달은 게 뭔
지 아는가. '어라. 40시간은 족히 넘는 드라마를 다 보고 나

니 중국어가 들리기 시작하네.'라는 거였다.

새벽에 중국어 예문을 읽었다. 쏼라쏼라 하는 리듬이 인간 냄새 나고 정겨운 노랫가락처럼 들리기 시작했다. 문제집 성우님들은 매우 근엄하게 빈출 숙어 및 예문을 읽어 주는 거 겠지만, 분명히 청해 영역 듣기 평가 같은 목소리마저도 노랫소리처럼 들리게 하는 착각이라니. 무슨 마법에라도 걸린 것 같았다. 모르는 게 나오면 스트레스를 받는 게 아니라 진심으로 궁금해서 마구마구 찾아봤는데, 독학이다 보니 뾰족하게 물어볼 데가 없었다. 갑갑한 마음에 아무리 생각해도 연습문제에 정답이 없다 싶으면 출판사 홈페이지 게시판에 문의 사항을 남기기도 했다. 당시 참으로 친절한 답변에 속이 뻥 뚫리는 기분이었고, 가족들에게 잔소리만 해대던 내가 학생이 되어 고분고분 무언가를 물어볼 수도 있다는 입지가 신선했다. 그리고 또 하나. 아이들이 왜 그렇게 공부를 힘들어하는지 너무 잘 알겠더라.

신은 준비된 사람에게 애매모호한 신호를 주지 않는다고 했던가. 완벽하지는 않지만, 시험을 쳐 봐도 될 만한 시기임을 간파하고 HSK 4급을 응시했다. 막바지 기출 문제 풀이에 새벽마다 매섭게 몰입했다. 돌고 돌아 맴돌기만 했던 소망이 이제야 제 시간을 만났다. 그동안 띄엄띄엄 공부한 시간이 도대체 얼마였나. '쓰레기통'이라는 단어를 사용하여 단문의 중국어를 작성하라는 게 마지막 문제였다. 머리카락을 쥐어뜯으며 풀어낸 끝에 올여름, HSK 4급 합격증을 손에 쥐었다. 남들이 뭐라 하든 나는 이 일을 '워킹맘의 작은 기적'이라 부르고 싶다. 부디 그렇게 불러주기를.

90세 '마짱'의 인생 조언

"人生に失敗はない　始めた時点で、成功なんです。"

(인생에 실패는 없어요. 시작한 시점부터 성공한 겁니다)

　1935년생. 조금 있으면 곧 90세를 바라보는 할머니의 말씀이다. 60대부터 컴퓨터를 독학하고 80세 이후부터 프로그래밍을 독학한 후 아이폰 게임 어플을 개발하셨단다. 우연히 구글 번역기를 활용하여 애플사의 세계개발자회의 참가신청서를 영어 이메일로 보내고, 강연과 함께 팀 쿡과 만나 이야기하는 모습이 놀라웠다. 60세 이후부터 컴퓨터 공부를 해야하나 하는 생각도 어색하지만, 나는 그저 그녀가 생각하는 '삶'에 대해 궁금해지기 시작했다. 그 모든 것을 해낼 수 있었던 에너지는 어디서 나온 것일까. 어떤 생각을 하면서 하루를 살아가는 사람일까. '컴퓨터 프로그래머'라고 한 마디로 일축하기 어려운 많은 일을 재밌게 해내고 있는 그녀가 신기하기도 하고, 대단해 보였다. 무려 90세의 나이에 말이다.

그녀의 책이 가지는 힘은 딱딱하게 각을 잡고 정색하지 않는 것이 매력이었다. 술술 넘어가는 에세이 같은 글들이 사람을 편안하게 해 주고, 느슨하게 다 읽고 나면 묘한 활력을 남긴다. 그렇다고 그녀가 마냥 순조롭게 살아온 것도 아니다. 평생 은행원으로 일하면서 퇴직 후 엄마를 간병하며 지낸 독신녀이기도 한데, 결혼까지 약속하고 상견례까지 마친 남자친구는 철학과 출신에 학생운동을 너무 열심히 해서 체포도 당하고 몸도 많이 상해서 남몰래 미국으로 망명했다고 한다. 시대의 급류에 휘말려 사랑의 운명도 엇갈려 버린 것이다. 평생 한 번 겪었던 그녀의 사랑 이야기는 영화보다 더 영화 같았다. 분명히 그녀에게는 인생 최대의 시련이었을 텐데 그녀의 글에서는 담담함이 짙게 배어 나왔다. 그녀가 나온 짤막한 IT 관련 다큐멘터리에서는 "소비자가 많아지면 세상이 재미가 없어져요. 그러니까 되도록 많은 사람이 생산자가 되었으면 좋겠어요."라고 말한다. 그리고 『나이 들수록 인생이 점점 재밌어지네요』라는 책에서는 "스스로 배울 수 있는 능력만 있다면 어떤 시대에서도 살아갈 수 있어요."라고 말하고 있다. 이 할머니, 정말 인생을 즐기면서 사는 게 틀림없다.

세상에는 많은 책들이 있지만, 그중에서도 각별하게 내게 다가와 말을 걸고 생각하게 만드는 책이 있다. 한 번만 읽고 말기에는 너무 찜찜해서 다시 읽어 봐야겠다고 생각되는 책들은 주로 고전이거나 잠언집이거나 혹은 내 취향에 꼭 맞아서 소장하고픈 욕심이 마구 솟아오르는 책이다. 그러나, 와카미야 마사코 할머니의 책은 그 어느 쪽도 아니었다. 그런데도 계속 읽고 싶어졌다. 고전도 아니고 잠언집도 아니고 내 취향의 자기 계발서도 아니지만, 미래의 나에게 아주 친절한 목소리로 들려주는 지침서 같은 느낌이었다. 내가 아는 전통적인 할머니의 모습과는 확실히 거리감이 있다. 어학 전공이라 컴퓨터와 프로그래밍을 몰라서 더 그렇게 보이는 것일까. 자랑스럽지도, 그렇다고 부끄럽지도 않은 내 나이 40대 중반에 이렇게 세련된 90세 할머니의 담백한 글을 만나니 정신이 맑아졌다. 그래. 원서로 다시 한번 읽어 보는 거야. 그녀가 말한 진짜 언어로.

나는 대학에서 일본어를 전공했다. 그러나, 어찌 된 일인지 일본어가 썩 내키지 않으면서도 전공 공부는 곧잘 해서 일상 일본어 회화나 일본 문화 콘텐츠들도 힘들지 않게 소화했다. 흔히 말하길, 들인 노력이나 시간에 비해 '고효율'의 아웃풋을 경험하다 보니, 일본 유학까지 멋도 모르고 간 경우이다. 내가 정말 일본이라는 나라에 관심을 가지고, 단 하나의 콘텐츠만이라도 진심으로 감흥을 얻었다면 일본어를 대하는 자세도 달라졌을지 모를 일이다. 한창 한일문화교류가 활발할 때 일본에서 한류 열풍이 유행이었듯, 내가 대학에 입학할 시기에는 일본에 대한 열풍도 뜨거웠는데, 그럼에도 왠지 거슬리는 마음만큼은 지울 수가 없었다. 돌이켜 생각해 보면, 고등학교 야간 자율학습 시간에 마지막 한 시간은 꼬박꼬박 대하소설 『태백산맥』이나 『아리랑』 같은 소설을 감명 깊게 읽은 탓에 '일본에 지배받던' 우리의 한 맺힌 역사를 잊지 말아야 한다는 무언의 의무감 때문이었을지도.

그나마 미야자키 하야오의 애니메이션 작품들을 보면, 꽤 힐링이 됐다. 아름다운 숲과 바다를 배경으로 한 상상력 가득한 이야기들을 따라가다 보면, 일본이든 한국이든 역사의 굴레나 무게에서 쓸데없는 자존심 겨루기를 하기보다 함께 공감할 수 있는 감성과 생각들로 유대를 만들어 나가는 것이 급선무처럼 보였다. 한밤중 올빼미처럼 밤을 새워 가며 기숙사에서 과제를 하고 있을 무렵, 라디오 방송에서 미야자키 하야오 감독이 초대 손님으로 나온 적이 있다. 사회자와 도란도란 가볍게 말하는 토크라고 생각하며 들었다. 그런데 미야자키 감독 스스로 말하는, 작품에 담긴 자연과 인류에 대한 오랜 고민과 시선이 고스란히 느껴져서 '정말 생각의 그릇이 큰 할아버지구나.' 하고 감탄했던 기억이 난다. 하던 과제마저 잠시 손을 놓고 귀를 기울일 정도로 강렬했던 전율.

나의 취향이라면 취향일 수도 있겠다. 나는 미야자키 하야오나 90세를 바라보는 와카미야 마사코 할머니와 같은(정작 본인은 다 필요 없고 '마짱'이라고 불리고 싶어 한다.)일본 어르신들이 들려주는 이야기가 좋다. 평범한 할머니에게서도, 경영의 신이라 불리는 이나모리 가즈오 회장님에게서도, 세계 애니메이션의 거장 미야자키 하야오에게서도, 지성인의 대가 다치바나 다카시에게서도. 그들은 내가 범접할 수 없는 삶의 지혜를 가졌음에도 겸손함을 잃지 않는다. 초심을 잃지 않고 일상의 평범한 할머니, 할아버지의 모습으로 지내는 모습도 성공의 일부임을 잘 아는 사람들이다. 주변의 사람들, 나아가 지구를 아끼려고, 지키려고 노력하는 그들의 글에서 힘을 얻는다. 지혜를 얻는다.

대부분의 어학 전공자가 다 그렇듯이 나 또한 '일본어'에 대한 애증이 공존한다. 단순히 어학을 할 줄 안다는 사실을 넘어서 그 언어 하나를 파고들기 위해 들인 시간과 노력을 생각하면 저마다 눈물겨운 추억들이 있기 마련이다. '한 개의 외국어를 할 줄 안다'는 것은 그렇게 한 사람 정체성의 일부가 되곤 하는데, 내가 일본에서 공부하면서 겪은 일본어는 딱 유학 기간만큼의 일본어가 아니었나 싶다. 더 꾸준한 관심과 동기가 있어야 이해할 수 있었던 책들도 많았을 테고, 무엇보다 일본을 좋아해야 더 머물고 싶다는 생각이 드는 법인데, 그렇게까지 깊게 알려고 하지 않았던 것 같다. 그래서 지금도 일본어 원서를 읽을 때면, 일본어에 왠지 미안한 마음이 든다. 더 흠뻑 사랑해 주지 못해서.

워킹맘이라고 해서 젊은 날의 추억까지 뒤로 밀쳐 두지는 말자. 외로웠지만 소중했던 그 시절을 떠올리며 추억의 열매를 맛보아도 괜찮다. 나는 지금도 잊을 만하면 전쟁을 겪은 세대의 일본 어르신들이 쓴 책들을 아래위로 한 줄씩 읽어 내려가며(일본은 세로 줄글로 된 책이 많다.) 마음을 가다듬곤 한다.

"호기심은 나이 들지 않습니다."

\- 와카미야 마사코

"소중한 것을 깨닫는 장소는 컴퓨터 앞이 아니라

언제나 새파란 하늘 아래였다."

\- 다치바나 다카시

"인생이란 자기 자신이 각본을 쓰고 주역을 맡은 드라마다.

어떠한 드라마를 그릴지는 본인이 하기 나름이며,

마음이나 사고방식의 수준을 높임으로써 운명을 바꿀 수 있다."

\- 이나모리 가즈오

"증오로 흐려지지 않은 눈으로 보아야 합니다.

악에서 선을 보고 선에서 악을 보세요. 어느 쪽도 맹신하지 말고

그 대신 둘 사이에 존재하는 균형을 유지하겠다고 다짐하세요."

\- 미야자키 하야오

바야흐로 100세 시대. 지금의 내가 보석처럼 빛나는 그들의 삶의 끝자락에서 만나 그들의 주옥같은 글들을 향유할 수 있음에 감사한다. 얼마 전에 타계하신 분들도 있지만 죽음 앞에서 얼마나 의연했는가를 보면 숙연해지지 않을 수 없다. 일본어 공부가 뒤늦게 내게 남긴 가르침, 그것은 바로 '이 푸른 지구에서 잘 살아가는 방법'이기도 하다.

적어야 보이는 것들

"우리는 거인들의 어깨 위에 올라선 난쟁이들과 같기 때문에

고대인들보다 더 많이 그리고 더 멀리 볼 수 있다."

1130년 베르나르 사르트르라는 프랑스 신학자가 남긴 말이다. 그러나 이 명언은 많은 사상가와 학자들이 인용하면서 뉴턴이 살던 시대까지 내려왔다. 좋은 글귀가 파도를 타고 타다 뉴턴의 발언에서 정점을 찍은 것이다.

아이작 뉴턴도 짐작했을까. 당시 널리 알려져 있던 것을 인용해서 "내가 더 멀리 보았다면 이는 거인들의 어깨 위에 올라서 있었기 때문이다."라고 말했을 뿐인데, 마치 그가 남긴 문장처럼 유명해질 것을 말이다. 누가 먼저 말했건 간에 저 말을 인용한 사람 중 뉴턴이 가장 영향력 있는 사람이었다는 것은 확실하다. 그러나, 똑같이 인용했는데 왜 뉴턴만

유명세를 독차지했냐고 단편적으로 해석해서는 곤란할 것 같다. 왜냐하면, 단순한 인용을 넘어서는 그의 엄청난 독서력과 메모, 기록하는 습관에서 자연스럽게 흘러나온 '뉴턴식의 내면화된' 문장이기도 하기 때문이다.

내가 처음으로 무언가를 적기 시작한 것은 아마 초등학교 일기 쓰기 숙제가 있었을 때부터가 아니었나 싶다. 매주 일기장 검사를 받던 그 시절, 5학년 때 담임 선생님께서는 항상 나의 글을 칭찬해 주시며 일기라서 다른 친구들에게 차마 읽어 주지 못하는 걸 안타깝게 여기셨다. 지금도 간직하고 있는 빛바랜 초등학교 5학년 일기장을 들여다보면, 나의 감정이나 사소한 깨달음과 관련된 문구에는 빨간 펜으로 밑줄만 그어져 있다. 그때는 왜 그 문장이 그어져 있었는지 자세히 몰랐지만, 이제는 안다. 그 감정들이 무척 자연스럽게 한 뼘 한 뼘 성장하는 감정의 표현들이었음을 말이다.

사춘기를 지나 입시 준비를 하던 고등학교 시절에는 일기 쓰기가 유치한 일이 되어 버렸다. 흔한 독서 노트나 내 감정에 대해 '쓴다'는 생각은 멀어져 가고, 점점 스트레스 해소용으로 세계 문학 소설이나 한국 단편 소설들을 꾸역꾸역 읽어 대기만 했다. 그러다가 고2쯤 되니, 가슴이 답답하고 우울해지는 날들이 많아졌다. 그날도 독서실에서 공부하다 빈 공책을 꺼내어 들고 갑갑한 마음을 갈기듯이 써 내려갔는데, 지금 봐도 무슨 말인지 모를 정도로 정신이 어지러운 어휘들과 문장들이 아주 난리였다. 그만큼 힘들었던 게지. 씁쓸한 마음으로 그 뒷장을 쓱 훑어보니 그래도 조금씩 나아지는 글씨체와 문장 속 다짐들이 보여서 콧등이 시큰거렸다. '그나마 이렇게라도 써 가면서 버텨 내었구나. 장하다. 예민한 나이에 말 못 할 고민이 좀 많았겠냐마는 스스로 잘 다독이며 지내 와서 다행이다, 수고했다'라며 위안 삼는다.

이후, 일기의 필요성을 조금씩 감지하기 시작하면서 대학 시절에도, 유학 시절에도, 그리고 결혼하기 직전까지도 이런저런 것들을 '쓰기'는 했으나, 찬찬히 읽으면서 다지지는 못했다. 자고로 기록이란, 그날그날의 일들을 복기하는 과정에서 어제와 촘촘하게 연결된 나를 되돌아보며 성장하는 것이 주요 목적일 텐데 나는 너무나도 복잡한 내 감정과 생각을 쏟아내기에 급급했다. 안 쓰는 것보다야 나았겠지만, 쓰레기

통에 쓰레기를 내뱉듯 뱉어 내는 기록만 했다. 생각이 피어나는 기록을 못 해 답답해한 것은 어쩌면 당연한 일이었는지도 모른나.

얄궂게도 결혼한 이후, 부부 싸움을 하고 나서 괴로울 때마다 썼던 일기장의 기록이 빛을 발하기 시작했다. 어떻게 싸웠는지, 나는 어떤 생각으로 그런 말을 하고, 그는 어떤 마음으로 그런 말들을 한 것인지 어느 순간 일기를 쓰면서 상황을 정리하고 있었고, 그것이 위로가 되어 일기장을 다시보는 일들이 잦아졌다. 잘살아 보고 싶었고, 나 혼자만의 상념에 젖어 분위기를 찾는 시절과는 질적으로 달라진 기록임을 직감했다. 놀랍게도, 그렇게 차곡차곡 써 내려가다 보니, 그가 아닌 내가 보이는 게 아닌가. 처음에는 도대체 이해할수 없는 마음에 그를 비난하거나 비하하는 문장들이 넘쳐흘렀지만, 점점 그런 글을 쓰고 있는 나에게도 대안이 없다는생각이 들자, 내가 그에게 너무 많은 것들을 투사하고 있지는 않나 하는 생각마저 들었다. 아니라면 거짓말이겠지. 내안의 욕심을 직면하게 되면서 그에게로의 관심을 나에게로돌리는 글들이 나왔다. 조금은 무서웠다. 그것은 때로는 내옛날 추억 속 이야기가 되기도 했고, 때로는 내가 꿈꾸던 바로 그 모습이기도 했다.

내게 필요한 것들을 조금씩 분별할 줄 알게 된 이후부터였다. 그에게 신경질을 부리고 싶거나 속상한 마음이 들 때면 생각했다. 어쩌면 그에게는 다른 것이 더 필요한 사람일지도 모른다고. 어느 날부터 그냥 일기에서 '(신랑을 향한) 감사 일기'라고 제목을 슬쩍 바꾸어 쓰기 시작했다. 그러자 생각의 방향이 틀어지면서 첫 문장부터 남달라졌다. 분명히 처음엔 어색해서 한참을 머뭇거리곤 했다. 뭘 감사해야 하지 하면서. 그러다가 조금씩 억지로라도 써 봤다. 음식물 쓰레기를 버려 주어서, 저녁 차리는 걸 도와주어서, 아이들 간식을 사다 주어서, 그리고 쓸개즙이 터져 죽을 뻔했는데도 무사히 내 곁에 있어 주어서. 아직 함께 할 수 있어서 그저 감사하다고 말이다.

기록의 효과는 마치 아무 생각 없이 넣어 둔 적금의 복리 이자처럼 불어나기 시작했다. 점점 아이들에게 잘 자라 주어서 고맙다는 말, 가족들과 주말마다 보내는 시간이 소중하다는 말, 내가 항상 생각하고 있는 것이었다면 지금부터라도 해 보자는 다짐 등 세상 낯간지러운 말들이 일상에서 구현되어 실제로도 그렇게 되어 가는 일들이 하나둘씩 탄탄하게 자리를 잡아 나갔다.

그리고 중요한 사실 하나. 꾸준히 무엇이든 기록하면서 알게 된 것이 있는데, 그것은 바로 내가 즐겨 쓰는 어휘나 키워드가 계속 비슷한 형태로 반복되고 있다는 거다. 가만가만 살펴보니, 어린 시절부터 꿈꿔왔던 것들도 있고, 지금 하는 일들과 연관된 것들도 있었다. 말하자면, 무의식에서부터 계속 그 언저리를 맴돌고 있는 '그 무엇'이 내게 말을 걸고 시도해 보게 했으며, 계획하고 행동하게 했다는 거다. 벌써 눈치챘다면 맞다. 내 안에 답이 있다는 것, 그 답을 어떻게 풀어내야 할지 아주 오랫동안 내 안에서 품고 지내 온 거라는 걸 알게 되면서 하루하루가 꼭 필요해졌다. 아이작 뉴턴까지는 되지 못하고, 인류의 과학 발전에 기여할 만큼 명석하지는 못하더라도, 내 인생을 놓고 내가 가야 할 방향을 가르쳐 준 키를 발견하고 뱃머리를 조정한다는 것. 그것은 어마어마하게 의미심장하고도 짜릿한 일이었다.

가끔 '언제부터 내가 이렇게 못하고 있는 게 많아졌나' 싶을 때가 있어서 나이가 들어도 하고 싶은 것들을 쭈욱 적어 본다. 수영도 못하고, 아직 자전거도 못 탄다. 악기 하나 평생 친구 삼아 배우고 싶었는데 그 시간을 낼 엄두가 나질 않는다. 내게 늘 영감을 주던 여행은 도대체 언제 가나 등등. 그런데, 이제는 알 것 같다. 하나씩 그 안에 두려움과 긴장이 공존해 있음을 말이다. 수영 배우다가 업무 폭탄으로 그만두게 되면서 곧바로 아팠던 기억, 자전거를 못 타서 교토 여행하다가 친구들에게 눈치받고 곤란했던 기억, 어린 시절 피아노를 6년간 배우면서 슬럼프를 겪었던 기억, 여행하다 길 잃고 헤매던 기억, 비행기를 혼자 놓칠 뻔했던 기억 등 내 안에 '간절함의 껍질'보다 더 큰 '두려움의 껍질'이 버젓이 들어앉아 있었다. 더 두꺼운 그 껍질, 두려움을 이겨 내지 못하고 얕은 숨을 쉬며 살아가고 있었다.

그냥 지난 기억을 리셋하고 시작하면 될 것을. 잘하는 나만 나이고 싶고, 못하는 나는 내가 아니고 싶은 완벽주의 기질 탓에 '못하는 나도 괜찮다'라는 생각을 가지기가 어려웠던 게 아녔을까. 내가 나에게 올가미를 덧씌워 놓고 시도조차 해 볼 생각을 안 하니 어찌겠는가. 스스로 벗겨 내는 연습을 하는 수밖에.

만만한 게 책이었나보다. 모르는 게 있으면 책을 읽는다. 알고 싶은 게 있어도 책을 읽는다. 좋은 문구는 놓치기 아까워 메모한다. 좋은 소설책은 베껴 쓰다 보면 한 문단도 거뜬히 넘어간다. 그렇게 메모가 쌓이다 보니, 몽글몽글 솟아오르는 생각들이 많아져서 일명 '아이디어 노트'도 마련했다. 한 번씩 아이디어 노트를 보면 내 생각의 흐름이 보여서 재밌다. 게다가, 대부분의 책은 무척이나 상냥하고 정확했다. 딱 정답만 없을 뿐, 아주아주 힌트를 많이 주기 때문이다. 심지어 분야별 권장 도서 목록만 잘 파악하고 요약 정리된 내용만 훑어 봐도 웬만한 건 알아낼 수 있다. 수가 보인다. 그동안 뭐가 그렇게 두려웠는지 모르겠다.

오랜 기간 잠자고 있던 로봇이 기지개를 켜며 작동을 시작하는 것처럼, 나는 결혼하고 한참이 지나서야 진짜 기록과 메모의 효용에 대해 알아가는 중이다. 좀 더 솔직히 말하자면, 워킹맘이라는 빡센⑺ 상황이었기에 가능한 일이었다고 본다. 나는 무교이지만, 신은 견딜 만한 무게의 시련만 주신다는 말과, 시련이 있으면 그 시련을 피할 길도 함께 마련해 주신다는 성경 구절을 좋아한다. (고린도전서 10장 13절) 아마 이 말도 필사 메모 구석 어딘가에 기록되어 있었을 테지. 자주 보다 보니 내 안에 나름대로 스며들어 좋아진 것일 수도 있고, 저 문구의 단어 하나하나가 내 상황에 딱 맞게 들어와 박혀버린 건지도 모른다.

뭐가 그렇게 힘들었을까. 워킹맘이 가장 힘들다고 느끼는 것은 이 많은 짐들을 감당해 내야 한다는 중압감 이전에 혼자서 짊어지는 것 같은 착각이 들 만큼 '외로운 마음'에 있다고 생각한다. 말하자면, 심리적 요인이 물리적 요인보다 더 크게 작용한다는 거다. 어느 날 아침, 눈물날 만큼 힘들었던 덕분(?)에 제대로 된 기록을 할 수 있었다. '외로운 마음'이 들거든 조금씩이라도 무엇이든 써 볼 것을 추천한다. 나는 그렇게 시작했다. 그리고 이 기록하는 습관이 나의 시련을 피하는 유일한 길이라고 지금도 생각한다.

역사는 흐르는 강물처럼

"역사가 우리를 망쳐 놓았지만, 그래도 상관없다."

이민진의 장편소설 『파친코』의 첫 문장이다. 누구를 향한 말일까. 영도에서 하숙을 치기 시작하는 부부의 이야기부터 시작되는 재일교포들의 삶이다. 읽다 보면, 역사를 이겨 내는 삶이 아니라 온갖 불공평함에 짓이겨지는 삶이다. 이지러진 가치관들에 맥없이 휘둘리고 끝내 역사를 넘어서지 못하는 주인공들의 이야기를 읽다 보면, 단순히 재밌다는 표현만으로는 해소되지 않는 무게감을 느낄 수 있다. 내가 역사에 관심이나 있었던가. 그러나 어른이 되어 갈수록 모든 이야기가 품고 있는 알맹이들이 궁금해졌다. 그리고 그 알맹이의 끝과 시작은 항상 '역사'였다.

어릴 적부터 역사를 좋아하지는 않았다. 단지, 책상 옆에 애매하게 남은 방구석 모서리 부분에 짜 맞춘 듯 딱 맞는 미니 책장이 있었는데, 거기엔 세계 문학전집과 셜록 홈즈 전집이 빼곡히 차 있었다. 언니들이 보다 만 책들과 아빠가 출판사 친구의 권유로 들인 백과사전들을 뒤적거리다가 그나마 끝까지 흥미를 느끼고 읽은 책들은 세계 문학 시리즈물이었는데, 그중에서도 이 빠진 것처럼 누락된 책들이 있는 것을 발견하고 중학생 무렵부터 혼자 서점에 가서 한 권씩 골라 읽던 기억이 난다. 그저 주인공들의 파란만장한 삶에 매료되어 소설 속 느낌만을 간직하고 있었던 시절이다.

그랬던 내가 역사에 조금이나마 귀를 기울이게 된 것은 고등학교 국사 선생님 덕분이다. 늘 빽빽하게 채워야 했던 왕조실록 버금가는 노트필기가 귀찮고 갑갑했었는데, 그 선생님은 우선 필기할 게 많이 없었고, 계속 '그 시대에 살았다면 너희들이 어떻게 했을 것 같냐'며 상상해 보라'는 말씀을 자주 하셨다. 필기할 게 줄어들다 보니, 신선한 충격이기도 했고 선생님 말씀을 듣고 진짜 상상을 하다 보니 다음 시간 내용이 궁금해졌다. 맙소사. 내가 역사 수업을 예습하려는 건가. 야간자율학습을 하루 빠지고 시내 서점에 가서 '고려 왕조실록'을 사서 혼자 읽어봤다. 뭔가 선생님 말씀을 들었을 때는 호기심이 마구 솟았는데 막상 실록을 찬찬히 읽다 보니 너무 얽히고설킨 것들이 많아서 계속 읽기가 힘들었다. 그리고 문체도 딱딱했다. 지금 생각하면, 그나마 실록을 읽기 쉽게 풀어놓은 베스트셀러였는데, 나는 어릴 적부터 말랑말랑한 세계 문학전집만을 읽어 왔기에 거부감을 느꼈던 것 같다. 그저 왕족들의 기록일 뿐인데, 스포츠 리그전처럼 계보가 있고 파벌이 있는 그림을 보자니 따분했다. 그때는 '그들만의 리그'에 내가 흥미진진해야 할 만큼 대단한 건 없다는, 치기 어린 생각도 했던 것 같다.

그렇게 역사에 대한 내 관심은 잠깐 지나가는 바람이겠거니 했는데, 결국은 소설에서 다시 만났다. 이런저런 소설을 읽다가 급기야 10권짜리 12권짜리 대하소설에 빠져든 것이다. 『태백산맥』과 『아리랑』. 아리랑 1권의 마지막 장면은 동네 사람 한 명이 불우하게 죽음을 맞이하고, 이 시신을 마을 사람들이 함께 상여 메고 산 고개를 넘는 장면에서 울려 퍼지는 아리랑 노랫가락으로 마무리된다. 그리고 뒤이은 '1910년 한일합병이 되었다'는 간단한 문장에서, 순간적으로 가까운 나의 과거 이야기의 뿌리가 여기서부터 시작되었을지도 모른다는 생각을 했다.

나는 20세기에 태어났고, 내 부모님은 해방 전후에 태어나신 분들이다. 그 말은, 내 할머니와 할아버지 세대의 이야기가 바로 이 소설 속 주인공들이겠구나. 그러고 나니, 소설이 달리 보였다. 딱딱했던 교과서 내용이 짧은 요약집처럼 매우 응축된 내용임을 알고 나서부터는 교과서보다 그 시대를 직접 겪은 사람들이 쓴 글들에 관심이 갔다.

엄마들은 다 그렇지 않나. 종종 엄마가 본인의 어린 시절 이야기를 우리에게 무한반복 할 때마다 '우리 엄마 또 시작이다'라는 생각을 안 할 수가 없었다. 그런데, 한 번은 그런 엄마가 드물게 본인의 어린 시절과 거의 흡사하다며 반가워하는 작품을 말해 주었는데, 그건 바로 김원일의 『마당 깊은 집』이었다. 늘 살림에 치여 살던 엄마가 감상에 젖어 그 작품의 장면 장면을 상기하며 이야기하는 모습은 참 신기했다. 모든 아이가 그렇듯, 엄마가 각별한 관심을 보이는 무언가가 있으면 아이들도 똑같이 그 시선을 따라가기 마련이다. 단언컨대, 우리 엄마는 그 이야기를 하는 동안만큼은 어린 시절

꿈 많은 소녀의 모습을 하고 있었다.

이럴 수가. 김원일이라는 작가는 딱 우리 부모님과 같은 또래 연령 작가였다. 실제 작가가 고3 때 아버지가 월북한 가족사가 있는 데다 한국전쟁의 슬픔을 고스란히 경험한 역사의 산증인이셨다. 소설 하나를 알았을 뿐인데 엄마가 이해된다. 엄마가 작가가 되지 못했을 뿐, 그 시대의 고충을 고스란히 함께 겪어 낸 살아 있는 작품 속 주인공 인물인 거다. 자연스럽게 식민지 시대의 일본에 대한 관심이 생겼고, 일본이 조선 아닌 대만과 중국, 필리핀, 인도네시아까지 점령했다는 사실을 알게 되면서 동아시아 역사에도 눈길이 갔다.

제대로 읽으면 읽을수록 커다란 퍼즐이 완성되듯 책 속 이야기들이 유기적으로 연결되었다. 도대체 어떤 전체적인 상황과 그림이 있었기에 조선이 일본의 통치하에 35년 동안이나 지배당할 수밖에 없었는지 알아갈 때마다 놀라움을 금치 못했다. 내가 모르는 게 너무 많았고, 알아둬야만 이해할 수 있는 사실들이 촘촘하게 줄지어 서 있었다. 중국은 중국대로 서양 제국에게 갈기갈기 찢어지는 오랜 수모를 겪고 나서야 지금의 모습을 유지할 수 있었고, 서양 제국은 그들대로 엄청난 경쟁을 해가며 무자비한 식민 통치를 감행한 끝에 현대의 자본주의 선진국에 진입할 수 있었다. 모든 역사 앞에 '먹고 사는' 문제도 있었고, '이기는 게 다가 아닌' 문화들이 있었다. 가치들이 있었다.

아기 엄마가 되고 나서야 『토지』를 손에 잡았다. 그것도 아이들 방에 아무렇게나 널브러진 동화책 토지가 그 출발이었는데, 뒤늦게 커다란 다이아몬드를 움켜쥔 것처럼 묵직한 뭔가가 내게 들어온 것 같았다. 허겁지겁 읽지 말자. 찬찬히 읽고 음미해야지. 앞서 고등학교 시절에 읽었던 『태백산맥』과 『아리랑』의 작가도 『토지』를 모델 삼아 썼다고 한다. 나의 학창 시절에서부터 20년은 훌쩍 넘어 이 작품을 만났으니 준비 기간은 끝난 걸로 생각해야지. 그러고 보니, 일본에서 한국으로 돌아오기 전 비행기에서 이런 글을 썼던 게 기억났다.

'내가 일본어를 앞으로 얼마나 깊게 오랫동안 배울 수 있을지 모르겠다. 그러나, 이 기간에 내가 배우고 돌아가는 것은 일본은 나를 건강하게 만들어 준 곳이었다는 것과, 한국을

35년 동안 지배했던 일본 속내에 대한 역사학 수업을 충분히 듣고 공부할 기회를 가졌다는 것, 아직도 인연이 닿으면 양심적인 할아버지에게서 그 시절 일본 만행 이야기를 육성으로 들을 수 있다는 것이다. 이것만으로도 내 유학은 의미가 있었다.'

"역사는 과거와 현재의 끊임없는 대화이다."

에드워드 카의 『역사란 무엇인가』에 나오는 말이다. 나는 역사를 전공하지도 않았고, 심지어 체계적으로 잘 배웠다고 하기에는 턱없이 민망한 수준이다. 그러나, 책을 통해 역사 공부의 재미를 알아가며 당당하게 어린이 한국사 시리즈나 인물위인전도 흥미롭게 읽어 본다. 지금은 그렇다. 한 권의 책을 읽으면 반드시 그 책에서 내가 모르는 책들이 언급되었고, 모르는 사람들이 나왔다. 그러면 아이디어 노트를 꺼내어 꼭 적어두었다. 신기하게도 그렇게 꼭꼭 적어놓은 것들은 다 어느 부분에서 무엇 때문에 언급한 책들인지 기억이 났고, 이미 동기부여가 되어 있는 상태였기 때문에 쉽게 읽어낼 수 있었던 것 같다. 꼬리에 꼬리를 무는 독서는 자꾸만 나를 과거에서 현재로 핑퐁하듯 여기저기로 데려놓았다.

　모든 이야기는 그냥 나오지 않았다. 쌓인 누적분이 있어야 의미가 생기는 법이다. 나의 이야기도 그렇고 당신의 이야기도 그렇다고 생각한다. 꼬리에 꼬리를 물고 읽는 모든 역사책은 그렇게 워킹맘이 되어 버린 '오늘의 나'를 가르쳐 주고 있다.

6

육아 전문가 말고, 워킹맘 이야기

"자녀 교육의 핵심은 지식을 넓혀주는 것이 아니라

자존감을 높여주는 데 있다."

대문호 래프 톨스토이의 말이다. 톨스토이의 파란만장한 인생 중에서 흥미로운 점은 젊은 시절 몇 차례에 걸친 유럽 여행을 하면서 고향 툴라에서 농민 학교를 운영하기도 했다는 점이다. 당시 부모의 강요로 강제노동만 할 줄 아는 아이들을 자유롭게 학교에서 놀게 해 주거나 귀족들과 같은 내용의 교과서를 만들기도 했단다. 비록, 기존 귀족층의 거센 반발에 의해 폐교되긴 했지만, 유럽 여행 후 깨달은 것을 곧바로 실행에 옮긴 그의 행적은 소설가로 알려진 모습과는 또다른 매력을 느끼게 한다. 그래서일까. 어떤 교육 철학자들이나 자녀 교육 전문가들이 남긴 육아 멘트보다 직접 깨닫자마자 실천한 톨스토이의 저 말이 내 마음에 더 와닿는다.

　육아서는 누가 가장 많이 읽을까. 엄마들 말고도 읽는 사람들이 있을까. 아이가 없는 이들이나 아이를 가질 생각이 없는 사람들에게도 유용한 책이 될 수 있을지 의문이 든다. 나만 하더라도 평생 육아서라는 장르가 있다는 것도 모르고 살 뻔했다. 태교랍시고 이런저런 동화책을 읽어 보거나 모차르트 음악을 듣거나 하는 행동들이 정말 의미가 있었는지도 모르겠다. 하지만, 모든 게 신기했었다. 처음으로 '좋은 부모'가 되려고 평생 안 해 본 것들을 해 보려는 시도. 내 아이를 내가 온전히 키우기 위해서 내딛는 첫걸음. 그중 하나가 육아서 읽기였다.

　아이를 낳기 전에는 태교 삼아 아이와 생명에 관한 책들을 읽었다. 주로 아이에게 엄마가 얼마나 중요한지 어필하는 내용들이 주를 이루었다. 그리고 출산 이후, 돌발 상황에 대처해야 할 경우들에 대비한 영유아 백과사전류를 자연스럽게 구비하게 되었다. 백과사전 형식이어서 틈틈이 읽었고, 아리송한 부분들은 더 찾아보기도 했다. 그러나, 아이가 조금씩 자랄수록 내가 읽은 모든 사전 지식은 보기 좋게 나를 비웃어 댔다. 모든 예측이 하나같이 빗나가는 건 말할 것도 없고, 죽었다 깨어나도 책에는 실리기 어려운 나만의 육아 처방전은 내가 알아내고 찾아내야 했다. 그게 너무 나를 힘들게 했다. 나도 나를 잘 모르는 상태에서 휘청거리며 나보다 더 둔감한 신랑에게 어떻게 도움을 요청해야 할지도 몰랐던 상황들이 끝도 없이 펼쳐졌다. 자라나는 맑은 영혼들은 사람다운 구색을 갖추어 보려고 마구마구 진도를 빼고 있는데, 내 앞가림도 제대로 못 하고 헤매던 나는 겨우 진도를 따라잡았다 싶으면 저만치 달아나는 날다람쥐 같은 아이들을 보며 늘 열등감에 시달려야 했다. 그 육아서들, 정말 내게 도움이 되었던 걸까?

이제는 소아청소년과 진료만 보러 가도 담당 의사가 우리 아이 진료를 오랫동안 봐 줄 사람인지 아닌지, 백화점 옷 가게에 가면 아이 취향의 옷을 제시할 줄 아는 점원인지 아닌지 알겠다. 아이가 많이 자라기도 했고, 내게 여유가 생긴 탓도 있으리라. 그러나 무엇보다 더 넓은 뒷배경에는 나와 별반 다르지 않은 수많은 워킹맘의 육아서가 있었기 때문이었다.

그렇다. 내가 진짜 육아서를 육아서답게 받아들이고 내 삶에 적용하기 시작한 것은 아이들이 의사 표현을 할 줄도 알고, 고집을 부리기 시작하면서부터였던 것 같다. 한동안 '영유아 시기에 책을 많이 읽어 주면 좋다'느니, '도서관이 답'이라느니 하는 유의 책들만 보면 고구마 백 개는 먹은 것처럼 답답한 마음을 숨길 수가 없었는데, 그 이유는 하나같이 과학적 혹은 심리학적 전문 용어로 무장한 '부모들의 결핍 지적'과 수많은 '행동강령' 때문이었다.

육아서의 문체가 딱딱해서였을까. 한참 내용을 따라가다 보면, 결국은 부모들의 잘못으로 아이들이 하나같이 삐뚤어진다는, 다시 말해 '부모들의 자존감 형성'과는 거리가 먼 내용들이 많아서 소화하기 힘들었다. 학자마다 말도 다르고, 내가 키우는 아이와 꼭 들어맞는 사례도 아니었다. 그도 그럴 것이, 이 세상에 단 하나밖에 없는 아빠와 엄마가 만나 역시 단 하나밖에 없는 우주를 안고 태어난 아이들인데 이런저런 분류를 해 본들 무슨 소용이 있겠는가.

그날 역시 아이들이 '같이 놀자'며 뿜어대는 에너지에 체력은 고갈되기 일보 직전이었다. 이 상황이 조금만 더 지속되었다간 짜증을 내며 폭발할 것만 같은 느낌. 그래. 차라리 도서관에 풀어놓는다(?)는 마음으로 나서보자. 그렇게 들어선 어린이 도서관 모퉁이에서 지친 내 마음을 어루만지듯 예쁜 표지로 손짓하는 육아서들을 만났다. 한 장 두 장 책장을 넘겨 보다가 포근한 엄마 냄새가 물씬 나는 에피소드 덕에 콧등이 시큰했다. 주말 한낮 오후. 도서관 창문으로 들어오는 가을 햇살과 아늑한 마룻바닥. 그날 바로 그 자리에서 좌충우돌하며 울고 웃는 워킹맘의 이야기들을 읽다 보니, 두세 권은 금방이었다. 이건 뭐지. 묘하게 내 이야기 같기도 하고, 분명히 다른 사람의 상황임이 틀림없는데 '엄마'라는 이유로 공감되는 무언가가 느껴졌다.

찰거머리처럼 달라붙는 아이들에게서 벗어나려고 억지로 온 도서관이었다. 동굴 모양 공간 속에서 만화책을 읽다가 쪼르르 내가 있는 곳으로 달려와 "엄마는 무슨 책 읽는 거야?" 하며 좋알거리는 아이들의 눈빛을 보니 사랑스러워 보이기까지 하는 게 아닌가. 하루에도 몇 번씩 아이들이 내 삶을 옭아매는 족쇄처럼 느껴졌다가도 초롱초롱한 눈빛과 자그마한 손발로 나를 꼭 껴안고 입 맞추고 도망가는 모습을 보면 사는 게 다 그렇지. 더 이상 우울해져 본들 무슨 의미가 있을까 싶었다. 그렇게 몇 권씩 마음에 와닿는 육아서를 집어 들고 아이들 동화책과 함께 빌려 읽기 시작했다.

동시대에 함께 일하고 있는 엄마들의 이야기는 전문 서적과 달리 아주 솔직했다. 이것저것 다 못해내겠다고 성질부리는 엄마의 목소리부터, 도저히 못 참기에 이렇게 저렇게까지 해봤더니 그제야 전문가들 말이 뭔 말인지 알겠더라 등. 사실, 워킹맘들은 육아서를 읽지 않는다면 직장 동료나 친인척 이외에 전업주부들처럼 인맥을 쌓을 기회가 거의 없다. 특히나 요즘은 전업주부들의 영역도 꽤 전문적이어서 제대로 배우고 어울린다는 게 부담스러워질 때도 많다. 워킹맘들의 책은 그래서 내게 더 마음 편했고 소리 없이 강한 여운을 남겼다.

그들의 책을 읽고 있으면, 누구는 일 잘하다가 '이만큼 했으면 됐다. 모아둔 돈 있으니 관두자.'며 쿨하게 사직서를 내고 전업맘을 택하는 엄마들도 있고, 혹은 전업맘이었는데 아이 키우며 하나둘씩 육아 관련 일을 하다 보니 워킹맘이 되어 버린 사례도 많다. 혹은, 프리랜서처럼 지내는 사람도, 두세 가지 직업을 병행하며 따뜻한 말투로 노하우를 전수하려 애쓰는 사람도 있다.

아무리 육아 전문 서적을 읽어 봐도 학술적 용어로 예쁘게 마무리하기 바쁜 이미지를 떨쳐 내기 어려웠는데, 그녀들의 이야기들을 접하니 내 곁에서 조용조용 이야기해 주는 든든한 언니들이 생긴 것 같아서 위로되었다. 그녀들의 책을 읽고 나의 실수를 재확인할 수 있었고, 내 바늘 같은 말투를 직시할 수 있었다. 내 무너질 듯한 마음의 벽을 일으켜 세울 수 있었다.

몇 가지 내 일상과 맞닿아 힌트를 얻었던 부분들이 있다. 아이는 놀아 달라는데 나는 집안 살림으로 눈코 뜰 새 없이 바쁠 때, 같이 장보고 집으로 돌아와 영수증 대조하며 장바구니를 쏟아내고 냉장고에 채워 놓는 행위도 '놀이'라고 보는 시선, 정말 해야 할 일이 몰려서 집에서는 아무것도 해 줄 수 없을 때, 거침없이 키즈카페에 아이들을 풀어놓고 미친 듯이 일해도 된다는 생각, 어쩌다 업무 휴일이 생기면 식구들에게는 출근하는 척하고 인근 호텔을 대실 하여 조용히 혼자 글 쓰고 쉬어 봐도 좋다는 여유, 그리고 가장 큰 위로는 '우리들 잘못이 아니다'라는 거였다.

그녀들의 글에 힘입어 나도 비슷한 상황에 맞닥뜨릴 때면 따라 해 봤다. 나쁘지 않았다. 남편도 아이들도 신선해 했고, 때로는 가족들 모르게 혼자 듬뿍 힐링 타임도 가질 수 있었다. 자꾸 읽다 보니, 육아 요령도 늘었던 거다.

누구나 다 그럴 수 있고, 나 역시 그랬으니 '우리 기운 내자'라는 뜨거운 말투. 매번 육아서를 읽다가 눈시울이 붉어지는 부분은 에필로그 부분이었다. 저마다의 진솔한 사연에서 묘한 안도감을 느꼈고, 일상으로 돌아갈 힘을 얻었다. 결국, 육아서에서 내가 배워야 할 것은 나를 돌아보지 않으면 나도 모르는 아이들이 되어 버려 육아의 방향성을 잃게 되기 쉬운 법이니, 잘 알고 지금 할 수 있는 것들부터 해 보자는 이야기 아니겠는가.

그렇게 내 마음 깊은 곳에 굳게 걸어두었던 빗장이 풀리고 나니, 전문 육아 서적들도 눈에 들어왔다. 나의 성격 형성에 지대한 영향을 미친 사건들과 다양한 군상 중 하나처럼 우리 엄마 스타일대로 물려받은 기질과 훈육방식이 보였다. 나만의 말투, 나만의 취향들을 인식하면서 강요해서는 안 되는 부분과 단호하고 명확하게 지도해야 할 가치들까지도.

어떤 이는 육아가 '섬세한 예술'이라 표현하고, 어떤 이는 '정신 수양의 기회'라고도 한다.

나는 육아 역시 '나를 알아가는 과정'이라고 말하겠다. 이 책 역시 어린이 도서관 한편에 부모들을 위한 육아 안내서 코너에 자리 잡을 것을 감안한다면 더욱 그렇다. 아이에 대해 사랑스럽고 부드러운 훈육은 현명한 엄마의 느긋함이 기저에 깔려 있어야 한다. 그래서 부모들의 마음 상태가 아이들의 것만큼이나 소중하다고 말하고 싶다.

앞서 말한 톨스토이는 2세 때 엄마를 잃었다. 여동생을 출산하다 사망하였는데, 다행히 먼 친척인 숙모가 톨스토이 남매들을 극진히 보살핌으로써 그의 훗날 작품세계에 큰 영향을 미쳤다고 한다. 그가 82세에 객지에서 폐렴으로 삶을 마감하기까지 엄마의 부재에 대한 열등의식이 없었던 건 아니었지만, '안나 카레니나'를 비롯한 무수한 작품들을 남긴 것은 결코 우연이 아닐 것이다. 일찍이 부모를 여읜 대문호 톨스토이가 교육에 관심을 가졌던 한때의 그 열정에 경의를 표한다. 그가 옳다고 생각한 자녀 교육의 핵심 '자존감 높여 주기'는 21세기를 살고 있는 우리들 워킹맘의 것들과 다르지 않기에.

7

새벽에는 자기 계발서를

"…엄마는 몇 시에 일어났어?"

첫째가 조막만 한 손으로 잠에서 덜 깬 눈을 비비며 말했다.

"엄마…? 아마 5시쯤?"

거실 창가 테이블에 앉아 책 읽느라 푹 빠진 나는 웃으면서 답했다.

"응…. 그런데 무슨 책을 그렇게 읽는 거야? 엄마는 책 읽는 게 그렇게 재밌어?"

정말로 신기하다는 듯한 표정으로 아이는 내 무릎 위로 올라와 안기면서 말했다.

"재밌어. 엄마도 옛날에는 이렇게 책을 좋아하지는 않았는데 말이야. 요즘은 이렇게 아침 일찍 책 읽는 게 진짜 좋아. 너도 같이 옆에서 책 읽다가 엄마랑 산책하러 나갈래?"

"응! 좋아."

아이는 자기가 읽고 싶은 책을 가져와 내 옆자리에 앉는다. 눈곱도 떼지 않았다. 한동안 아이와 내가 나란히 앉아 책을 읽는다. 점점 아침 해가 밝아온다. 창가에 햇살이 환하게 들기 시작하면 우리는 누가 먼저랄 것도 없이 살금살금 웃옷만 걸치고 집을 나선다.

주말이면 큰아이는 내가 새벽에 일어나 책 읽고 산책하러 간다는 걸 알고, 언제부턴가 같이 일어나기 시작했다. 어떤 날은 오늘은 피곤하니 더 자겠다고 할 때도 있고, 어떤 날은 산책하러 갔다 오는 길에 모닝 햄버거를 사 달라고 조를 때도 있다. 아침에 일찍 일어나 책을 읽으면서 달라진 일상이다. 그전에는 어땠냐고? 아이들과 엉켜서 평일 동안 못 잤던 잠을 하루 동안 빵빵하게 채우자는 마음으로 뭉그적거리기 일쑤였다. 힘겹게 일어나면 어중간한 시간에 대충 밥 먹는 일조차 짜증스러웠던 날들이었다. 돌이켜 보니, 새벽에 일어나 편안하게 자기 계발서를 읽기 시작하면서 아이와의 추억에도 질적인 변화가 생긴 것 같다.

새벽이 주는 기운이라는 게 있는 것 같다. 일찍 일어나 창가에 비친 하늘을 볼 때마다 하늘색은 다채로웠고, 구름 모양도 달랐다. 구름이 없는 날은 없는 대로 비가 오면 오는 대로 새벽은 그 자체로 많은 감성을 돋게 했다. 새벽이 이렇게 아름다운 시간임을 왜 이제야 깨달았을까. 많은 사람이 새벽 시간에 혼자만의 시간을 누리고 있었다. 새벽 시간을 활용해서 마음껏 자기 계발을 했고, 하루 1페이지 독서로 시작하여 진정으로 가슴 설레는 일들을 만나는 과정까지 역동적인 이야기들이 많았다. 소설과는 다른 현실성이 있었고, 이야기 속 인물들은 대부분 나와 같은 시공간에서 살아가는 사람들이었다. 그들도 나처럼 지금 이렇게 일어나 책을 읽고 있겠구나. 운동하고 있겠구나. 글을 쓰고 있겠구나.

자기 계발이라. 사전적 의미로는 '잠재하는 자기의 슬기나 재능, 사상 따위를 일깨워 줌'을 뜻한다. 단순한 개발과는 다른 깊이 있는 깨달음을 말하는 것인데, 중요한 것은 '잠재하는' 자기의 재능이나 사상을 발견하는 것이란다. 다시 말해, 내 안에 있는 나를 일깨우고 맑은 마음으로 내가 누구인지, 어떤 상태인지 알아차리는 일을 말하는 것이리라.

잠시만요, 엄마도 공부 좀 하겠습니다

그렇다면, 굳이 온라인 서점에서 자기 계발 서적으로 진열된 책이 아니어도 상관없다는 말이다. 그게 고전이 되어 몇 번씩 리뉴얼된 책이든, 내가 좋아하는 작가가 추천하는 책이든, 내가 읽고 내가 느끼면서 자기 계발이 되면 상관없다는 것. 그런 의미에서, 나는 새벽에 책이 아니면 알지 못할 사람들의 글들을 선별해서 읽기 시작했다.

궁금한 사람들의 이야기가 있었다. 늘 생사를 넘나드는 중환자실에서 괴롭게 사망선고를 해야 하는 의사들이 쓴 솔직 담백한 이야기들. 그들이 생각하는 죽음과 죽음을 앞둔 환자들의 반응을 보며 역설적으로 자신의 삶을 반추하는 이야기. 혹은, 해외 생활의 역경을 딛고 전 세계가 인정하는 기업의 CEO로 우뚝 선 여성 이야기. 낯선 환경에서도 고학하며 언어와 문화의 장벽을 넘는 이야기. 개인의 자존심을 훌쩍 뛰어넘어 끝을 알 수 없는 가능성에 늘 도전하는 사람들의 이야기. 경제적 자유를 추구하기 위해 고쳐야 할 생각들과 그 생각들 덕분에 달라진 일상의 변화 이야기 등. 모두 다른 모양을 하고 있었지만, 신기하게도 비슷한 결론을 짓고 있었다. '자기 자신에게 집중할 줄 안다'는 것이다.

책을 읽을 때마다 나는 그들이 말하는 부류의 사람이 아니었음을 인정해야 했다. 나는 게을렀고, 생각도 고루했으며, 변화에 대한 강한 거부감도 가지고 있었다. 있는 자리에서 편안함을 최대한 유지할 생각만 했다. 모험하기에는 나이도 많고 너무 늦었다는 생각과, 나 정도의 재능이나 사상을 가진 사람은 흔하디흔해서 경쟁력이 없을 거라고. 깊고 깊은 곳에서 울려 퍼져 나오는 내 안의 소리는 그렇게 부정적인 것투성이였다. 못난 나를 어디서부터 뜯어고쳐야 할지 난감했다. 보이는 것 이면에는 많은 보이지 않는 것들이 나를 꽁꽁 에워싸고 있는 채로 살아왔다는 생각이 들었다.

평범한 이들의 성공담을 읽고 그나마 기운이 솟아나는 날은 내 몸과 마음이 건강한 날이었다. 그러나 읽으면서 나랑 거리가 멀다고 느껴지는 날이면 심리 치유 에세이를 읽는 편이 나았다. 몸과 마음이 지쳐 있었으므로. 특히, '적어도 나이 서른 정도는 넘어서야 부모와 정신적으로 독립하여 상황을 객관화시킬 수 있게 된다'는 심리학책 문구에서 왈칵 눈물이 났다. 이렇게 말하는 걸 보니, 자신의 불우한 상황을 극복한 모든 이는 비슷한 연령대에 고민을 겪었겠구나. 고비 고비마다 생각을 전환하고 행동으로 승부했겠구나. 역사 소설 속 주인공들이 살아 돌아와 현대판 일 노예로 전락하듯, 후세의 누군가가 이 시대를 배경으로 소설을 쓴다면 나는 지극히 소시민적인 생활에 불평불만만 하며 하루하루를 연명하는 캐릭터가 아닐까. 아니라면 무엇부터 달라야 하는 것일까.

세계적으로 유명한 위인일수록 자기 계발을 게을리한 자는 없었다. 자기 계발을 하지 않는 리더라면 성공을 유지하기도 어려울 뿐만 아니라, 성공한다 해도 무의미한 일일 것이다. 잠재된 나를 끌어내 깨달음을 얻는 과정이 말처럼 단순하지도 않으며, 억지스럽게 모방하거나 맹목적으로 따라만 해서는 오히려 왜곡되기 쉽겠다는 생각에까지 이르렀다. 자기 계발은 어렵게 생각할 게 아니라 그저 내 인생에 대한 예의이자 태도의 문제라 여기면 될 듯했다.

"다른 사람보다 뛰어나다고 해서 대단한 것은 아니다.

진정으로 대단한 것은 어제의 당신보다

더 뛰어난 오늘의 당신이 되는 것이다."

- 어니스트 헤밍웨이

"길은 당신 안에 있다.

그리고, 당신의 목적지 또한 그 어떤 곳도 아닌 당신 안에 있다.

만약 당신이 이것을 깨닫게 된다면, 당신은 그곳에 도착하게 될 것이다."

-틱낫한

자기 계발서를 꾸준히 읽지 않았다면 상상도 못 했을 주옥같은 말들이다. 나는 자기 계발서를 읽을 때마다 저자가 인생 면면에서 맞닥뜨렸을 고통의 수위를 상상해 보곤 한다. 그것이 지금의 내 고통과 비교될 수 있을 만큼 간단한 것이었던가. 하루아침에 모든 것을 잃거나 무너지는 경험을 이제껏 해 본 적 있었던가. 목전 앞의 죽음을 마주 대하며 '살고 싶다'는 생각을 간절하게 해 본 적이 있었던가. 그들의 이야기를 충분히 숙지했다면, 지금 내가 괴롭다고 느끼는 것들에는 의미가 있을 것이다. 괴롭다고 생각한 일에 대해 한 번 더 점검하고 근력을 쌓아 봐야지. 조금 더 잘 버틸 수 있도록 말이다. 워킹맘이어서 바쁜 게 아니다. 자기 계발을 하지 못해 헤매다 보니 바쁘기만 한 것이다.

워킹맘이지만, 모두에게 공평하게 주어진 새벽 시간이 있다. 사실, 워킹맘이 아니어도 모든 자기 계발 고수들은 새벽에 일어나 무엇이든 한다고 하니 억울해할 것도 없다. 머리를 맑게 하고 진정한 '자기 계발'을 해 보자. 시작하는 순간, 어제와 다른 내가 되는 거다.

8

'작가의 세계'와 만나다

"책을 일주일에 몇 권 정도 읽으세요?"

가끔 주변 사람들에게 이런 질문을 받곤 한다. 글쎄. 내가 일주일에 몇 권 정도 읽더라. 딱히 생각해 본 적 없는데 왠지 이런 질문을 받으면 깔끔하게 대답 못 하는 게 머쓱해진다. 아무래도 한 권 두 권 세어 보지 않고 관심이 쏠리는 대로 읽다 보니 순식간에 관련 서적에 몰입해서 읽을 때도 있고, 어떤 때는 품고 읽어야만 이해되는 성질의 책이어서 오래오래 걸려서 읽기도 한다. 지금 글을 쓰면서 드는 생각은 앞으로 이런 질문을 받으면 큰 고민하지 말고 '그냥 되는대로 읽어요.'라고 솔직하게 말해야겠다. 책은 내게 항상 몇 권이 아니라 '나의 무엇을 건드리느냐'였으므로.

그러고 보니, 우리나라 사람들이 얼마나 책을 읽는지가 궁금해졌다. 2021년 국민 독서실태조사에 의하면, 성인의 연간 종합 독서율이 47.5%로 절반이 채 되지 않는 데에 비해, 학생과 20대 청년층은 전년 대비 0.3% 소폭 증가했단다. 3%도 아니고 0.3%라니. 증가했다기보다 전년이랑 별반 차이가 없다고 봐야 하지 싶다. 아무래도 도시에 사는 사람들이 시골에 거주하는 사람들보다 더 많이 읽는다는 것, 성인들보다 학생들과 청년들 사이에서 전자책 사용이 많이 늘어났다는 점, 그리고 성인은 종이책〉 전자책〉 웹소설 순으로 '독서의 범위'를 생각하고 있는데 반해, 학생 및 청년들은 종이책〉 전자책〉 만화책〉 각종 매체(꽤 비율 차이가 날 정도로 젊은 층은 매체도 '독서'라는 인식이 확대 추세라 한다.) 순으로 생각하고 있다고 한다. 음. 젊다면 그림이 많은 만화책도 '책'이로구나. 내심 내가 조금 더 젊어진 것 같아서 웃음이 났다. 그런데 기사의 말미에 재밌는 내용을 발견했다. 바로 독서 활동 및 행사 참여율은 대도시라 할지라도 1.5%밖에 안 된다는 것. 그래도 성인당 50%에 육박하는 독서율 대비 현저하게 차이 나는 게 의아하지 않은가.

내가 알기로는 주변에 독서 소모임이나 북 콘서트도 많이 이루어지는 걸로 알고 있는데 왜 이런 통계치가 나왔을까. 이와 관련된 내용으로 한국비빌리아학회지에 실린 논문 「공공도서관의 독서프로그램 실태분석연구」를 보면, 생각보다 지역 편차가 심하다는 것을 알 수 있다. 서울의 독서프로그램이 약 20% 비율이라면 그다음으로 부산과 대구가 각각 그 뒤를 잇는데 겨우 7% 선을 왔다 갔다 하는 수준. 나머지는 훨씬 이에 못 미치는 상황이라는 거다. 공공도서관의 행사 내용도 일회성의 독서 프로그램 행사나 독서 활동 모임이 대부분을 차지하여 그다지 다채롭지 못하다. 무슨 말인가 하면, 초등학생이나 부모의 자녀교육과 관련된 '보증'된 강의만 줄곧 단조롭게 진행해 왔다는 말이 된다. 오호라. 한 번의 강의에서 40명 내외가 대부분인데다 다양한 연령층을 흡수하기는 더더욱 어려울 터. 그래서 도서관에서 이런저런 상품 행사를 많이 하는 거였구나. 그럴 만한 이유가 있었구나.

책은 읽을지라도, 그 책을 쓴 사람을 찾아 굳이 시간 내어 금쪽같은 주말이나 휴일을 반납하면서까지 도서관에 가려는 사람은 적은가 보다. 시골에 사시는 책 좋아하는 할머니 할

아버지들은 관련 도서관 행사에 아예 참여해 볼 기회조차 없겠다. 도서관 행사에 눈에 불을 켜고 누가 인솔해 주지 않는 이상 장애인도, 중년의 여성들도, 다채로운 독서 강연회 프로그램에 지속해서 참여하기란 불가능하다. 중학생, 고등학생은 왜 없냐고? 개네들은 공부해야 한다. 벌써 초등 고학년만 되어도 학원 가서 선행해야 하니까. 숙제할 시간도 빠듯하고 내신 관리하기도 벅찬데 도서관 행사 참여는 언감생심이겠다. 실제로 앞서 말한 독서실태조사에서 21%의 청소년들이 책을 안 읽는 이유로 '교과 공부 때문에 책 읽을 시간이 없어서'라고 대답했다고 한다. 결론적으로 관심 있는 작가의 북 콘서트에 흥분하며 예약 신청 접수를 하는 나는, 매우 '적극적인' 독자에 속하는 편이라 할 수 있겠다.

  좋은 책을 만났으면 반복해서 읽고 익히면 되지 꼭 그 글을 쓴 사람을 만나 볼 필요까지 있느냐고 반문할 수도 있다. 나 역시 굳이 작가를 만나서 그 책의 집필 의도나 아이디어를 얻은 계기를 챙겨 들어야겠다는 생각은 없었다. 하지만, 이런 책 저런 책을 자꾸 접하다 보면, 키 북이라 할 만한 책의 저자가 있기 마련이고 누군가가 물꼬를 튼 생각으로 많은 이들이 생각의 변화를 겪는다는 것이 신기했다. 눈에 보이지 않는 변화를 '글'로 일으키는 거니까. 그리고 궁극적으로 그들은 '나누어 주려는 마음'에서 시작한 일일 테니까. 다시 말해, 그 마음가짐을 엿보고 싶었는지도 모르겠다. 내가 못 해 본 경험을 먼저 이룬 그들의 얼굴과 목소리, 행동과 몸짓 하나도 예상치 못한 귀감이 될지 누가 아는가.

처음 북 콘서트를 갔을 때는 작가 강연회를 기다리는 동안 이유 없이 가슴이 막 쿵쾅거렸다. 이미 완독한 책을 다시 보며 잠깐이나마 작가의 마음을 헤아려 보는 마음, 나처럼 이 책에 관심이 많으면서 취향이 비슷한 사람들이 모인 공간, 곧 시작할 행사를 위해 열심히 준비하는 사람들의 모습마저 선량해 보였다.

인상적인 북 콘서트가 하나 있다. 『어린이라는 세계』를 쓴 김소영 작가의 북 콘서트였다. 그녀는 빨간 원피스를 입고 어린이를 사랑하는 특유의 미소를 지으며 또랑또랑한 목소리로 책에 대한 이야기를 아기자기하게 풀어내었지만, 그 내용만큼은 심지가 깊었다. 그리고, 급기야 그 공간에 있는 어린이 아닌 엄마들이 눈물을 닦고 있는 상황이 벌어진 게 아닌가. 짐작했겠지만 맞다. 쑥스럽지만 나도 거기서 함께 울었다.

　작가는 말했다. 어린이라는 소재로 꼭 써야겠다고 시작한 글이지만, 결국은 나의 어린 시절 이야기로 거슬러 올라가더라고. 결국은, 내 이야기를 숨길 수 없었다고. 그 말에 모든 엄마들은 눈시울을 붉혔다. 책에도 나오지만, 운동화 끈을 묶는 데 한참 시간이 걸리는 아이에게 '기다려 주기만 한다면' 뭐든 잘 해낼 수 있는 대견한 아이라 말하고, 소나기가 내리는 날 우산 없는 아이에게 우산을 씌워 주면서도 '동호수는 말 안 해 줘도 돼요. 집 근처까지만 데려다줄게요. 집 근처는 친구가 나중에 말해 줘요.'라는 사려 깊은 말을 할 줄 아는 사람.

　어쩌면 해방 이후, 급격한 민주화를 겪고 새마을 운동, 88 올림픽, IMF를 기억하며 후다닥 달려온 우리 세대에게 빨리 좀 하라고, 그까짓 거 대충 알아서 해결하라며 윽박지르는 권위적인 어르신들의 잔소리가 우리 몸속에 잔뼈처럼 틀어박혀 있었던 건 아닐까. 지금도 '아이들이 다 그렇지 뭐.'라며 아이의 감정에 대해 면밀하게 들여다보는 일을 게을리하는 우를 범하고 있지는 않은가. 어린 기억 속에 남아 있는 좋은 어른의 모습은 얼마나 되며, 학창 시절 선생님이나 부모님 눈치 안 보며 살아온 사람들이 얼마나 있겠는가.

그날은 어린이라는 소재로 책을 쓴 작가가 '좋은 어른'이었다는 것을 확인하는 것만으로도 마음이 따뜻해졌다. 결국, 그 공간에 있던 모든 사람은 어린 시절 자신의 상처와 결핍에 대해 함께 숙고할 수 있는 시간을 가졌다. 작가는 그런 혜안이 먼저 분명히 서 있는 사람이라야 되겠구나. 이 한 권의 책을 쓰기 위해 작가가 얼마나 많은 생각들을 켜켜이 쌓아 왔는지 알 수 있었다. 책만 읽는 감동과는 격이 달랐다.

적어도 읽다 말고 한참을 생각한 적이 있거나, 울면서 읽거나, 읽고 나서 뭔가가 꿈틀거리며 실제로 나를 움직이게 한 책이 있다면 작가와의 만남도 꼭 가져 보자. 돈도 들지 않는 도서관이다. 그들이 내게로 온다. 이제 우리가 그들에게 갈 차례이다.

작가와의 만남은 새로운 세상과의 만남이다.

3장

진짜 '나'를
알아가는 시간

『토지』가 내 마음을 비치다

"제 삶이 평탄했다면 글을 쓰지 않았을 것입니다.

삶이 문학보다 먼저지요. 모든 인생이 그렇잖아요.

중간중간 불행도 있고… 인생은 물결 같은 것이거든요."

1994년 10월 『토지』 완간 기념 소감으로 박경리 작가가 한 말이다. 그녀는 분명 고통이 어떤 것인지, 모든 인생에서 각각의 고통은 어떤 의미로 여겨질 수 있는지를 알고 있는 사람이 틀림없다. 이 말은 1900년대 전후로 태어난 모든 한국인에게 해당하는 말이 아닐까.

우리나라 전체가 불행했다. 오랜 식민지 시대의 아픔이 제대로 아물기도 전에 동족끼리 물어뜯고 싸우는 6.25 전쟁을 겪었다. 아빠가 죽거나, 엄마가 죽었다. 죽지 않으면 남북으로 떨어졌다. 부유한 사람보다 가난한 사람들이 더 많았고,

배운 사람보다 못 배운 사람들이 더 많았다. 불과 몇십 년이 지만, 아픈 시대에 깊게 새겨진 상처는 서서히 치유되어야 마땅했다.

그러나, 어찌 된 일인지 그 상처의 진물이 아직도 아물지 못하고 더 곪아서 줄줄 흐르는 것 같은 느낌을 받을 때가 있다.

모르긴 몰라도 결혼 전에는 까칠하다는 말보다는 차분하다는 말을 더 많이 들었다. 많지는 않았지만, 몇몇 이들은 나더러 상냥하고 친절하다고까지 했다. 그런데 어쩌다가 결혼 후 아이 둘을 낳고 이렇게 까칠하다는 말을 들으며 신경질을 있는 대로 다 부리고 화를 내는 성격이 되어 버렸을까.

육아 휴직 2년을 훌쩍 넘기고 나니, 밖에 나가는 일도 극도로 귀찮아졌다. 나가서 좀 쉴 만하면 아이들 하원 시간에 맞춰 쫓겨 다녀야 하는 게 불편했다. 불안했다. 인간은 주어진 환경에 맞추어 적응하는 동물이라지만, 억지로 그렇게 내 진짜 생각을 숨긴 채 지내다 보니, 마음 안에 불만과 짜증이 쓰레기처럼 쌓였던 것 같다.

힘들어도 아이들 모습을 보면 즐겁고 예쁘다는 생각이 들어야 할 텐데, 진심으로 그렇게 느껴질 때는 찰나였다. 찰나를 위해 공들여야 하는 시간은 무겁다 못해 무서웠다. 나는 병원에도 가지 않았고, 어떤 심리적 치료를 위한 기관에도 다니지 않았지만, 이제 생각해 보면 집 안에 틀어박혀 나가기 싫어했던 외톨이였고, 그것은 적당한 무게의 산후 우울증이 아니었나 싶다.

책을 좋아했지만, 내 삶을 뒤흔들어 놓을 만큼 인상적이어서 나의 사고방식까지 바꾸는 책은 만나기 힘들었다. 체력이 바닥을 찍고, 정신적인 에너지까지 탈탈 털렸을 즈음『토지』를 만난 것은 아무리 생각해도 우연은 아니었던 듯하다. 새벽 1, 2시가 되어서야 잠드는 둘째와, 깨어나 있는 동안 악착같이 엄마만 찾는 첫째의 열렬한 집착에 내 영혼은 온데간데없이 허공을 헤매었던 시절이었으니까.

"1897년 한가위. 까치들이 울타리 안 감나무에 와서
아침 인사를 하기도 전에, 무색옷에 댕기꼬리를 늘인 아이들은
송편을 입에 물고 마을 길을 쏘다니며 기뻐서 날뛴다."
-『토지』의 서문

『토지』는 1897년 한가위를 시작으로 1945년 해방까지의 시간을 다루는 방대한 소설이다. 처음에는 한 장 한 장 읽는 게 조심스러웠는데, 1부에서 용이가 나오고 월선이가 나오면서 몰입이 되기 시작했다. 최참판댁은 절대 무너지지 않을 정도의 재력과 권위를 가지고 있었지만, 불운한 시대를 감지하면서 읽자니 내내 가슴 졸여야만 했다. 집 나간 엄마를 기다리던 서희가 길상이 등을 두드리며 엄마를 데려오라고 울부짖는 장면, 봉순이와 앞마당에서 외로움을 달래던 시간, 강청댁과 임이네, 두만이네 월선네 등등 하동 평사리 마을 아낙네들의 구수한 사투리에 익숙해질 때쯤, 조준구가 출현하고, 급기야 서희는 심복들과 함께 간도로 떠난다.

압도적인 심리묘사와 주어진 고통을 잘근잘근 씹어 먹어버릴 것처럼 인내하는 그들. 자그마치 700여 명의 인물이 작품 속에서 걸어 나와 나에게 손짓을 하고, 말을 걸어왔다. '네가 집에서 아이를 보고 편안하게 이 책을 읽을 수 있다는 것의 의미를 아느냐, 도대체 무엇이 너를 그렇게 구차하게 만든다고 생각하느냐, 우리네 삶의 모습을 찬찬히 꼭꼭 들여다보렴. 너의 어떤 힘듦도 우리들 것만 못할 테니. 그저 잘 보

아 두어.'

『토지』에서의 어떤 등장인물도 부럽지 않았다. 동시에 어떤 인생도 닮고 싶지 않았다. 내가 강청댁이었다면 월선이에게 그보다 더한 짓을 했을지도 모른다. 그리고 내가 월선이었다면 홍이에게 그렇게 헌신적이지도 못했을 것이며, 용이에게 여한이 없다고도 말 못 했을 것이다. 함안 댁은 급기야 삶의 의미를 잃고 목을 매달아 죽었다. 한복이와 거복이의 삶의 행로를 보면 부모 교육이 정말 의미가 있는 건지도 의심스러웠다. 인실이의 머리와 가슴이 말하는 사랑과, 명희의 때늦은 사랑 고백, 석이의 봉순이에 대한 마음은 모두 살아 있는 나에게 굵직굵직한 질문을 안겨 주었다.

'너라면 어떡하겠니. 너라면 견딜 수 있겠니. 너라면 달랐을 것 같니.'하고.

결혼 후 아이를 낳고 키우며 내 성격이 아주 까칠했던 이유는 내가 내 인생에 대해서 커다란 그림이 없어서였기 때문이 아닐까 한다. 아이를 낳으면 어떻게 된다는 것을 전혀 알지 못했던 무지와, 이제껏 살아온 대로 살 수 없겠다는 당혹감과 불안감이 나를 자꾸 구덩이로 빠뜨리려 했다.

다행히 『토지』를 읽으면서 나는 깨달았다. 여성이 어떤 생각으로 진화해 왔는지, 그 많은 인물 중 나는 어떤 부류의 인간인지, 그리고 어떻게 살고 싶은지 웬만한 힌트는 다 얻은 것 같았다. 내 인생이라는 큰 그림에서 나는 지금 몇 장쯤에 와 있는 걸까. 훗날, 이 시기를 되돌아보았을 때 나는 어떤 시기로 지금을 형용하고 싶은 것일까. 월선이와 용이의 마지막 대화와, 서희와 길상이의 심리적 거리는 내게 많은 것을 생각하게 했다.

까칠해지려는 나를 조금씩 누그러뜨려야겠다고 마음먹는다. 내 인생이라는 큰 그림에서 지금 이 시기를 어떻게 채색할 것인지 정확히 알고 있다면 짜증을 내거나 화를 내어서 해결될 일은 아니라는 것을 이해한 것이다. 책을 읽으면서 틈틈이 박경리 작가의 인생에 대해서도 공부하며, 문학관에도 자주 갔다. 일생을 건 예술혼이 담긴 작품을 진지하게 읽으니, 나도 작품 속 꼿꼿하게 살아 숨 쉬는 그들처럼 당당하게 살고 싶어졌다. 끊임없이 작품 속 인물의 생각을 따라가며 지금 내 인생에서 내게 어울리는 일을 구상했다.

마침내 『토지』의 마지막 장을 마주했을 때는, 믿어지지 않았다. 미끄럼틀처럼 매끄럽게 이어지던 마지막 권이었고, 어떤 이질감도 없었는데 벌써 마지막이라니. 한동안 『토지』를 완독한 후유증으로 다른 책을 잡지 못했다. 그런데, 그해 겨울, 신기하게도 통영에 있는 작가의 묘소를 방문하고 온 이후로는 마음이 평온해졌다. '4년 동안 꿀단지처럼 아껴가며 읽었으면 충분해. 잠시 다른 책을 읽다가 다시 읽으러 돌아오지 뭐.' 한겨울임에도 경이로울 만큼 아늑한 기운이 감돌았던 그곳. 묵념하고 뒤돌아섰더니, 통영 앞바다의 윤슬로 눈이 부셨다.

그녀의 고통에 대한 시선은 개인적인 성질의 것이 아님을 안다. 어쩌면 그녀의 말대로 인생은 물결처럼 흐르는 것이어서 나의 일상 역시 자연스럽게 물결이 일렁이는 과정임을 받아들이려 한다. 『토지』 덕분에 나는 내 인생을 객관화시켜 볼 수 있었고, 다행스럽게도 그 결과가 나쁘지 않다고 생각한다. 지금도 내 마음 한편은 든든하다. 고통을 바라보는 시선과 태도를 작품에서 배웠으므로.

만약 앞으로 내게 지금보다 더 힘든 상황이 닥친다면 울지 않고 담담하게 『토지』를 꺼내 읽을 것이다. 무섭지 않고, 두렵지 않다. 언제든 다시 읽을 수 있는 『토지』가 있다는 것만으로도 나는 내 마음을 읽어 낼 준비를 끝낸 거니까.

그렇게 『토지』는, 힘들었던 당시의 내 마음을 차분하게 비추어 주었다.

오프라 윈프리에게 배운 감사의 힘

"쉽게 감사하기 어려운 것에도 기꺼이 감사할 때,

인생은 분명 천국이 된다."

감사의 힘에 대한 오프라 윈프리의 말이다. 사소한 일에도 감사할 줄 알며, 무척 행복해하는 그녀의 일상을 보면, 어두운 과거가 무색해진다. 깊고 깊은 감사의 힘을 몸소 체험한 자가 아니면 함부로 자신 있게 말하기도 어려운 내용이다. 확신에 찬 그녀의 말투가 왠지 선두에 서서 횃불을 흔드는 사람 같다.

쉽게 감사하기 어려운 것까지 기꺼이 감사할 줄 아는 태도는 도대체 어디서 나오는 것일까. 감사하다는 '감각'을 잃지 않으려면 우선 그 감각에 익숙해져야 할 필요가 있다고 생각한다. 나는 어떤 순간에 자주 감사하다고 느끼지. 나는 무엇에 마음이 열려 있는 거지. 무엇부터 감사해야 하는 거지. 감사의 대상과 이유에 대해 깊게 깊게 고민해 봤다.

'감사'란, 고맙게 여기는 마음이다. 지금 이렇게 편하게 숨 쉬고 앉아 있을 수 있는 것부터 내가 하고자 하는 일에 방향성을 잡고 목표를 향해 한 걸음씩 나아가는 일까지 모두 감사의 대상이 될 수 있다. 그러나, 뭐니 뭐니해도 감사하기 전에 알아둬야 할 것이 있다. 감사하는 마음을 거짓으로 꾸며내지 않을 것. 진짜 마음을 있는 그대로 수용하되 진심으로 감사하다는 마음이 들 때 감사하다고 표현할 것. 감사하다는 말이 자연스러워지기 위해서는 많은 생각의 전환이 필요했다. 적어도 내게는.

"감사의 속뜻은 겸손이다.
타인의 기여 없이는 오늘의 성취도, 나도 없다."

제러미 애덤 스미스의 『감사의 재발견』에 나오는 말이다. 바로 이거였구나. 감사하다는 표현이 일기장에서도 일상에서도 습관적으로 튀어나오는 경우가 많았다. 내가 정말 감사하고 있는지 의심이 될 때는 감사의 끝이 누구를 향하고 있는지를 생각하려 했다. 진심 어린 감사를 하기 위해서는 겸손한 마음이 들어야 했는데, 나는 나를 위해서 형식에 치우친 감사함을 연발하고 있었던 것은 아닌지 의문스러웠다.

내 오늘날의 모든 성취가 정말 타인의 기여로 이루어졌다니, 믿을 수 없다. 타인의 덕으로 이만큼이나 이룬 것들에 대해 감사하고, 그들과 나를 있게 해 준 세상에 대해 정말 감사하다고 생각하는 것은 언감생심이었다. 이 치열하고 소모전 일색인 현대 자본주의 사회에서 나는 일개미처럼 기능적인 인간으로 점점 변해 가고 있지 않나. 생물학적으로 여성이기에 임신과 출산을 하고 모유 수유를 하는 과정만 봐도 그렇다. 이성보다는 '본능'이 어떤 것인지 뼈저리게 느낄 수밖에 없었다. 왜 이렇게 사는 게 힘들지. 왜 이렇게 자꾸만 '해야 하는' 일들에 떠밀리는 느낌이지. 항상 타인들을 배려해 온 편이었다. 기꺼이 감내할 수 있는 부분은 감내해 왔다. 그렇게나 노력했으니 이 정도 이룬 것은 당연하다고 마음속에 깊은 뿌리가 박혀 있었나 보다.

고통이나 역경이란, 저마다 다른 색깔로 예상치 못한 순간에 찾아오기 쉽다. 나의 고통은 원색이 아닌 옅은 파스텔색을 띠고 있었고, 그래서 금세 알아차리기 힘들었는지도 모르겠다. 젊은 날에 온몸이 아팠을 때는 '몸만 안 아팠으면' 하고 분명히 바랐을 것이다. 그러나 몸이 나아지고 나니 몸만큼이나 아픈 심리적 고민이 고개를 들어 다시 몸이 상하기 시작했다. 얼마나 몸과 마음의 신호를 쫓아 시소처럼 왔다 갔다 하며 지냈는지 모른다. 겨우겨우 지금의 균형점을 찾고 보니 참 오랫동안 돌고 돌았다는 생각마저 든다.

나의 경험으로는, 고통이나 역경을 만났을 때 무조건 피하기보다는 그동안 무리해 왔음을 충분히 받아들이고 실컷 슬퍼하거나 고통을 우선 겪어 보기를 권한다. 오프라는 '이카로스의 추락'이라는 비유를 들곤 하는데, 과욕과 오만의 상징으로 해석하면 무난할 듯하다. 내가 힘들면 충분히 '힘들다는 게 이런 거구나' '이게 말로만 듣던 번아웃이구나'하고 충격받는 게 우선이라는 이야기다. 지난 육아 휴직 기간을 돌이켜 보면, '힘든 게 이런 거구나' 하면서도 어쩔 줄 모르고 몇 년을 미련하게 더 버텼던 내가 보인다. 나아지긴 했지만, 그때의 더딘 상처 회복 기간 덕분에 이제는 미리 조짐을 읽고 대비한다.

어릴 적부터 칭찬에 인색했던 엄마 덕분에 모든 것을 야무지게 할 줄 아는 나로 자랐다. 독립적이고 현실적인 여성이 되었다. 엄마 때문에 완벽주의 성향으로 힘들게 살고 있는 게 아니다. 엄마로부터 경제적 정서적 독립을 하고 아이 둘을 낳았으면 더 이상 부모 탓은 안 할 줄 알아야 한다. 오프라가 위독한 친엄마를 만나 한참을 말없이 있다가 기운을 얻고 내뱉은 말이 있다. 바로 '엄마도 원해서 내게 그런 건 아니라는 거, 알아요.'였다. 그 부분을 읽고 어찌나 울었던지. 나는 엄마에게서 물려받은 창문에서 벗어나 내가 만든 새로운 창문으로 엄마의 창문까지 볼 수 있었으면 한다. 그리고 이렇게 할 수 있음에 감사하고 싶다.

스피노자의 에티카에는 인간의 48가지 감정 중 '감사'와 '겸손'이 다 실려 있는데, '감사'란 내게 은혜를 베푼 사람들에게 나도 베풀고자 노력하려는 열망이고, '겸손'은 자신의 무능이나 무력감을 고찰하는 데서 느끼는 슬픔이라고 한다. '감사의 감정이 선뜻 내키지 않으면 '겸손'의 감정을 되새겨보는 걸 추천한다. 어찌 보면, 그편이 감사 일기를 쓰는 원동력으로 더 적합한 정서이기도 하니까.

'아이고, 이번에도 역시 내가 이게 잘 안되어서 애를 먹었구나. 그런데, 예전과 달리 이번에는 이런 나를 잘 이해해 주는 사람이 옆에 있어서 좀 덜 힘들었으니 감사하다.' 정도면 다시 한번 그 사람의 호의를 되새기는 데 충분하다고 생각한다.

감사 일기를 쓰면 심신이 건강해진다는 이야기도 있다. 정말일까. 감사 전문가들의 여러 실험 연구에 의하면, 감사 일기를 쓰게 한 팀과, 그냥 일기를 쓰게 한 팀, 그리고 아무것도 쓰지 않도록 놔둔 팀을 분석했을 때 감사 일기를 쓰게 한 팀이 뇌 전전두엽피질의 특정 영역을 활성화한다고 한다. 이 부분이 활성화되면 스트레스가 해소될 뿐만 아니라 통증 경감에도 효과가 있다고 하니 유언비어는 아니다. 그냥 지나칠 수 있는 많은 순간을 감사 일기로 새겨보자. 어차피 흐르는 시간이요 일상인데, 예쁘게 하루를 꾸민다고 생각하면 건조한 하루도 알록달록해질 것이다.

어느덧, A5 한 페이지를 꽉꽉 채우며 감사 일기를 써 온 게 3년은 넘은 것 같다. 이전에는 그냥 새벽 일기를 내키는 대로 써왔는데 결론부터 이야기하자면 감사 일기의 습관이 정착화되면 그렇게 생각하는 흐름도 습관처럼 박혀 버려서 '행동'의 변화로도 곧잘 이어진다는 것이다.

　아이들이 기다리던 여름 방학 물놀이 여행이 생각난다. 행선지가 차로 두어 시간 걸리는 곳이라 아침부터 부산스러웠다. 부푼 가슴을 안고 차에 앉아 출발하려 할 때, 차에서 벌레가 발견되었고 이상하다 싶어 카시트를 젖혀 보니 차량 구석구석에 뭔가를 쏟은 적이 있는지 달콤한 음식에 개미들이 줄지어 있는 것이 아닌가. 예전 같았으면 미리 세차해 두지 않은 신랑 탓을 하며 폭풍 잔소리가 이어졌겠지만, 그날은 가만히 있었다. 대신 아무래도 이 상태로는 출발하기 어려울 것 같으니 다 같이 세차장에 가서 세차부터 하고 천천히 출발하자고 했다. 아이들도 남편도 한순간 말이 없었는데, 나중에 듣기로는 엄마가 화를 내지 않아서 정말 놀라웠다나 뭐라나.

　여행 다녀온 뒤, 남편이 진지하게 그랬다. 세차장에 같이 가사고 말해 줘서 정말 고마웠다고. 앞으로 본인이 덤벙거리고 주변 정리를 잘 못 하는 습관을 꼭 고쳐야겠다고 마음먹은 계기가 되었단다. 되려 내가 미안해졌다.

워킹맘이 된 후로 감사해야 할 것들이 압도적으로 많아졌음에도, 익숙해졌다는 이유로 당연하게 여긴 것은 없는지 돌아보자. 마냥 세상 탓만 하지 말고, 그래도 이만큼 나아진 시간 위에 있으니 큰 시야에서 바라보는 연습을 하자. 숨은 좋은 것을 발견하자. 감사의 힘은 절대 화려한 모습으로 다가오지 않는다.

3

에고의 덫에서 빠져나오는 법

"에고로부터 자유로워지기 위해 필요한 것은
에고를 알아차리는 일이다."

『삶으로 다시 떠오르기』에 나오는 구절이다. 사실, 아직도 에크하르트 톨레의 책을 펼치면 내 에고가 널을 뛴다. 책의 거의 모든 곳 여기저기서 자기중심적이고, 못 돼먹은 무의식이 '아니야, 그런 거 아니야. 읽지 마. 그냥 믿지 말고 덮어 버려. 그냥 이대로 살아도 된다니깐!' 하며 악마의 속삭임처럼 내 머릿속을 헤집고 다니는 것 같았다.

꼼꼼하게 읽는다고 읽어도 나의 수양이 부족한 탓인지 읽을 때마다 새롭다. 그에 의하면, 에고는 인류 역사를 통틀어 오랫동안 전승되어 만들어진 마음이 작동하는 방식일 뿐이다. 다시 말해, '환상'이라는 것. 그렇다면 내가 생각하는 것과 느끼는 것 모두 에고 안에서 일어난 환상이라는 뜻일까.

흔히, 에고를 '나라고 착각하는 무엇'이라고 본다면, 그에 대비되는 말로 '자아'가 있다. 일명 진짜 내 모습이라 말할 수 있겠는데, 자녀 교육을 예로 들어보자. 만약 내가 아이에게 도움이 될 거로 생각하고 많은 학습을 시키면서 투자했지만, 아이의 실력이 내가 원하는 만큼은 아니라고 치자. 나는 그 상황을 충분히 이해할 수 있을까 아니면 못 견뎌 할까.

못 견뎌 하며 아이를 닦달한다면 그건 아마 내가 아닐 것이다. 그것은 내 에고가 자식을 통해 확장하려는 의도임이 분명하다. 나와 아이를 같은 존재로 착각하는 것, 혹은 남편도 나와 같은 생각을 했으면 좋겠다는 강박은 내가 아닐 것이다. 내 에고가 진짜 나를 조정하려는 것일 테고, 그들이 내 말을 따를 경우, 내 에고는 충만함에 젖을 것이다.

진짜 내 모습은 무엇을 원하는 걸까. 톨레에 의하면, '현존하는 나 자체로 이미 충분하다'고 표현한다. 내 에고가 하는 일을 나는 잘 알아차리고 있는지 모르겠다. 이 난해하고 까탈스러운 에고의 덫에서 빠져나오기 위해서 우선은 내가 종종 에고의 덫에 빠진다는 것부터 인정해야겠다.

작년에 있었던 일이다. 바쁜 아침에 아이들과 내가 함께 등교와 출근을 해야 하는 날이어서 안 그래도 시간에 쫓겨 신경이 곤두서 있는 날이었다. 신발만 신고 나서면 되는데 갑자기 인형 집을 사 주면 안 되냐고 둘째가 말을 걸어와서, 조용히 '안 된다'고 말했다. 그랬더니, 매우 상심한 표정을 짓고 금세 시무룩해졌다. 그 모습을 지켜보던 첫째가 왜 안 되냐며 꼬치꼬치 따지기 시작했다.

지금 돌이켜 보면, 그냥 '그건 나중에 집에 와서 생각해 볼 테니, 일단 나가자.'라고 하면 될 것을 '안 된다면 안 되는 줄 알고, 그만 물어.'하고 역정을 내고 말았다. 그때부터 둘째는 학교 가기 싫다며 고집을 부리기 시작했고, 첫째는 첫째대로 어쩌겠냐는 듯한 표정으로 나를 원망 섞인 눈으로 바라보고 섰다. 결국 늦으면 안 된다는 두려움에 못 이겨 나는 화를 크게 냈고, 아이들은 울며 등교했으며, 지각했다. 그 일 이후, 한나절 동안 일이 손에 잡히지 않았고, 또다시 장난감 이야기를 꺼내는 건 불문율처럼 여겨졌다. 나의 못돼먹은 에고가 완벽한 확장에 성공했던 사건이었다.

나의 화가 터질 듯 말 듯 할 때, 항상 둘째로 시작한 꼬투리에서 첫째를 향한 호된 꾸지람으로 전개되는 일들이 많았다. 그럴 때마다 첫째가 했던 말은 지금도 가슴을 아프게 한다.

> "미안해. 엄마가 우리에게 뭘 원하는지 알아. 우리가 엄마 말 잘 듣고, 엄마도 우리 생각 들어주려고 노력한다는 것도 알아. 미안해. 미안해. 다 내 잘못이야."

그러면서 닭똥 같은 눈물을 흘리며 내게 와락 안기었다. 그러고선 여전히, 내가 화내는 게 너무 무서워서 참고 있었고, 참아 봤는데, 도저히 너무 장난감을 갖고 싶어서 참을 수가 없더라고 했다.

> "네 잘못은 없어. 엄마 잘못도 없어. 네가 잘못했다는 생각은 하지 마. 너는 갖고 싶고, 엄마는 한 개만 사 주고 싶은 마음이 고무줄처럼 팽팽해져서 그냥 터져 버린 거야. 엄마도 앞으로 소리 지르지 않도록 노력할게. 알았지?"

겨우 진정한 큰아이가 애써 웃으며 등교했던 날이었다. 뒷모습을 바라보며 밀려드는 후회와 자괴감에 괴로웠다. 이런 게 에고의 먹이가 된다면 굶겨 죽이고 싶었다.

어떻게 해야 했을까. '이미 충분하다'고 느끼려면 어떤 다른 반응이 나올 수 있는 걸까. 자괴감으로 의기소침했던 날들이 지나가고 나의 에고에 대해 깊이 생각해 봤다. 일기장 내용도 우울했지만, 이 역시 시행착오라 여긴다면 의미 있는 과정이라 여기고 다시 에고를 알아차리려 노력하려는 시도가 필요한 시점이었다.

기회는 기다렸다는 듯 냉큼 다가왔다. 어느 날 둘째가 아침으로 내놓은 고기를 입맛이 없다며 먹지 않더니, 호주머니 속에 잊고 있었던 롤리팝을 보고선, 반만 먹고 가면 안 되겠냐고 고집을 부리기 시작한 것이다. 올 것이 왔다. 나는 심호흡을 했고, 그날과 다른 방식을 꼭 실현해 보고 싶었다. 예전의 내가 아님을 시험해 보고 싶었다.

'아침에 사탕은 안 되겠는데. 사탕 먹은 이빨을 양치질시키려면 또 시간이 지체될 게 뻔하잖아. 오늘은 직장에 일찍 가서 해야 할 일들이 있는데 지금 시간이 몇 시였지?'

흉물스럽게 올라오는 무언의 감정을 느꼈지만, 가만히 있어 보았다. 이 모든 상황을 매끄럽게 지나칠 수 있으려면 아이의 말을 귀 기울여 듣고, 내 의사도 잘 버무려야 한다. 어떻게 할까. 예전의 나였다면 '안 된다'며 단호하게 말했겠지.

더 이상 그러지 않기로 했으니 다른 식으로 접근해야 한다. 여전히 화가 도사리고 있었지만, 마음 한편으로 밀어 넣고 아무렇지 않은 듯 말했다.

"그러면, 꼭 반만 먹고, 양치질 꼭 하기!" 했더니, 아이들 눈이 반짝거린다. 매우 흡족한 미소를 짓는다. 정말 사탕 반만 맛있게 먹더니 자발적으로 양치질까지 하는 게 아닌가. 지각은 하지 않았고, 아이들은 유쾌하게 등원했다. 나 역시 상쾌한 출근길이었다. 나의 의연한 태도에 아이들은 신뢰감을 보였고, 무엇보다 엄마가 자신들의 의견을 충분히 받아들이고 이해하고 있다는 마음에 괜찮은 하루를 시작한 듯했다.

예전의 화를 냈던 나도 나이고, 오늘처럼 화를 내려다가 마음을 고쳐먹고 달리 반응한 나도 나이다. 그러나 중요한 것은, 화를 내려고 했던 나를 '알아차릴 수 있었던' 나를 바라본 것 아닐까.

한때는 남편이 불만스러웠다. 그 이유는 내가 싫어하고 내키지 않아 하는 행동이나 말을 끊임없이 했기 때문인데, 그역시 잘 고치기 힘든 그만의 습성임을 이해하고부터는 잔소리하는 일이 줄었다. 그의 고통체(부정적인 생각)가 시키고 있는 말이겠거니 하거나, 그의 말에 나의 고통체가 또 발끈하려는 것을 알고 가만히 있었다. '화낼 일은 아니지. 가만 있어 보자. 내 고통체의 뿌리도 그의 것만큼이나 깊구나.' 하고 흘려 넘기다 보면 생각보다 시간이 금방 지나가는 듯했다.

앞서 말한 '에고로부터 자유로워지기 위해 에고를 알아차린다'는 말은, '내 생각대로 안 되면 화를 내는' 에고의 방식을 통해 진짜 '자아'를 보는 연습을 하라는 뜻이리라. 많은 돈을 벌고 싶고, 많은 것을 하고 싶은 욕심, 에고는 끊임없이 결핍과 채워지지 않는 욕망으로 타인을 자극하고 명분을 만들어서 그 영역을 확장하려고 한다. 그래서 진짜 '자아'인 내 모습을 보지 못하게 한다. 이것이 에고의 생존본능이라면 나는 이제 에고에서 벗어나 '자아'를 들여다보는 연습에 집중하겠다.

어쩌면, 둘째가 '사탕만 먹고 양치질은 하기 싫다'라고 했다면, 내가 또 화를 냈을까. 앞으로 첫째가 꾹 참고 있다가 내뱉는 농도 깊은 말에도 휘둘리지 않고 차분하게 대응할 수 있을까. 내가 가족들에게 화를 내면서 얻고자 하는 것은 무엇인가. 내 화에 못 이겨 주억거리는 표정과 내키지 않는 억지스러운 행동은 내가 원하는 가족들 모습이 아닐 텐데 왜 이렇게 내 방식을 고집하려는 걸까. 남편과 아이들이 원하는 뜻과 내 뜻을 잘 헤아리려면 내 에고부터 자주 알아차려야 했다. 그래야만 에고의 덫에서 허우적거리지 않을 것이다.

다행인지 불행인지 모르겠지만, 고통체가 없는 사람은 없다. 평생 에고의 틀에서 벗어나지 못하는 사람들도 있다고 하니, 내가 갈고 닦아야 할 수양의 길은 멀기만 하다. 그러나 아무렴 어떠랴. 워킹맘으로 지내면서 이렇게 엉망진창인 에고를 만날 수 있었으니 나를 알아차릴 기회도 산처럼 많다는 것을 숙지하자. 그리고 연습하자. 오늘도 에고의 덫에 걸려들지 않는 연습을.

> "오래된 마음의 방식이나 생각의 습관은
> 당분간은 여전히 살아남아 다시 찾아올 수도 있다.
> 하지만 알아차릴 때마다 매번 힘이 약해질 것이다."

에고의 힘이 약해질 때마다 속상할 일이 줄어든다고 생각하면 해 볼 만한 일이다. 내가 에고를 컨트롤할 수 있다는 사실을 깨닫고, 에고의 덫에 걸리는 횟수보다 빠져나오는 횟수가 더 많아지기를 기대해 본다.

엄마가 노력하는 게 보여

"사람을 강하게 만드는 것은 사람이 하는 일이 아니라,

하고자 노력하는 것이다."

어니스트 헤밍웨이의 말이다. 말년에 우울증과 정신 질환을 앓으며 여러 번 자살 시도를 하다가 결국 엽총으로 생을 마감했다고 한다. 아버지, 형, 누나, 손녀, 그리고 본인까지. 자살의 유전력도 무시할 수 없었던 그의 배경을 알고 나니, 그가 남긴 작품들이 작가로서 얼마나 치열하게 노력한 결과인지 미미하게나마 짐작이 간다.

내가 엄마가 되지 않았으면 절대 알지 못했을 경험이 있다. 출산이 그렇고, 육아가 그렇다. 물론, 나와 전혀 다른 환경과 배경에서 나고 자란 남편과의 만남과 관계도 해를 거듭

할수록 진화하고 있지만, 진화한다고 해서 진보를 의미하는 것은 아닐 터.

항상 노력하려고 한다. 대강 좋은 게 좋다고 넘어가는 것이 아니라, 매번 반복되는 문제들의 심층에 가려진 것들을 꿰뚫어 보고, 휘둘리지 않으려고 노력이라도 해 봐야 될 답답하기도 하고, 그 과정에서 헤밍웨이의 말처럼 나는 강해지기도 하니까 말이다.

학창 시절, 잘 안 풀리는 수학 문제가 있으면 한참 째려보다가 산책 갔다 오면 '아하' 하는 순간이 생기듯이 나의 워킹맘 결혼생활 역시 그런 건지도 모른다. 왜 오늘 또 그 상황에서 화가 나려고 했을까, 짜증이 올라왔을까. 왜 매번 저지르고 나서야 후회하는 거지?

하루 이틀이 지나고 나면, 그 상황들이 얼마나 자연스럽고 필수 불가결한 수순이었는지 보일 때가 있다. 좀 더 유의 깊게, 너그럽게 마음만 먹으면 웃어넘길 수 있는 일이 허다하다.

이게 말로만 듣던 번아웃인가 싶을 때는 항상 직장에서 무리하게 일하고 돌아오자마자 집에 와서 아이들의 학원 픽업이나 숙제, 저녁 등으로 나를 몰아붙이고 있는 몸과 마음이었다. 극기 훈련노 이런 게 없다 싶을 정도로 나의 몸의 신호와 마음의 소리에 철저하게 뚜껑을 씌우고, 마치 '언제쯤 쓰러질지 궁금해지는군.' 하고 재밌는 구경거리라도 된 듯 무모하게 달린 것 같다.

몇 번 쓰러져 보고, 아무리 열심히 일해도 내 마음만큼 보상이나 인정이 없는 일임을 알아채고 나서야 내가 보였다. 나는 우선 쉴 필요가 있었다. 주변 사람에게 도움을 마구마구 요청할 필요가 있었다. 내 마음 안의 완벽주의적 성향, 자기중심적 생각에서 잠시 거리를 두기로 했다.

오랜 기간 단련된 내 기질을 하루아침에 바꾸기는 힘들겠지만, 노력하는 의미에서 나와의 시간을 제일 먼저 확보하기로 한 후, 집 말고 다른 곳도 필요하다는 걸 직감했다. 그렇다고 워킹맘이 집 말고 어느 공간에서 여유로울 수 있겠나 싶겠지만, 나는 찾았다.

나 혼자 혼잣말로 중얼중얼 고해성사도 할 수 있고, '임금님 귀는 당나귀 귀'라고 소리쳐도 상관없는 곳, 우리 집 후문을 통과해서 걸어 나가면 발견할 수 있는 공원 P3와 P4 사이.

거기서부터 조용히 잔디밭을 밟으며, 발바닥을 충분히 느낄 수 있도록 천천히 걷기 시작했다. 주말에는 1시간 정도, 평일에는 퇴근 후 자투리 시간이 확보되는 대로 조금씩. 그렇게 산책한 후, 집에 들어오면 좀 살 것 같았다. 어질러진 것도 너그럽게 치울 여유가 생겼다. 아이들도 엄마가 산책하러 갔다 온다고 하면 흔쾌히 그러라고 한다. 갔다 오면 내가 기분이 나아진다는 걸 아는 것 같다. 아이들과 함께 산책하자 했을 때, 한동안 확대경 챙기며 신나게 나서더니 이제는 지겨운지 예전처럼 잘 따라나서지는 않는다. 그보다 자기들만의 실내 놀이법이 생겨서 그런지, '엄마 없는 자유시간'이 더 고픈가 보다.

저녁에 거창한 요리를 하는 것도 아니면서 대단한 일이라도 한 것처럼 생색을 내게 되는 이유는, 내가 힘들지만, 더욱 기운을 끄집어내 나의 한계를 극복하는 모습 자체로 인정받고 싶어서가 아니었을까. 내려놓기로 했다. 전자레인지도 자주 쓰고, 에어 프라이어도 쓰면서 그릇은 식기세척기에 하루에 두 번씩만 돌려도 내가 직접 손에 칼 들고 채썰기를 하는 일은 줄었다. 아무래도 직접 우려내고 양념한 집밥 반찬보다야 못하겠지. 그러나 그동안 내가 설거지거리를 줄이기 위해 아이들에게 흘리지 말라고 잔소리한 시간, 밥을 차려내느라 한참 서 있었던 시간을 생각하면 용서할 수 있는 맛이다. 시어머니와 친정엄마에게서 받은 넉넉하고 맛깔스러운 반찬들만 꺼내 놓아도 괜찮다. 단 한 번도 뭔가를 만들어 달라고 말해 본 적 없는 나였지만, 이제는 김치도, 아이들이 좋아하는 콩나물이나 두부무침도 좀 만들어 달라고 일부러 말했다.

아이들이 자주 어지르는 일과 치우는 일, 자기 고집대로 하겠다고 나의 경계선을 침범하며 대드는 일, 남편과의 가치관이 달라 자주 부딪치는 생각. 내 일에 대한 인정욕구. 이 중 어느 것도 내 인생을 걸 만큼 간절한 것은 아니다. 내가 원하는 것은 인정도 아니고, 흐트러진 것을 바로잡는 것도 아니고, 내 생각이 옳고 내 방식대로 하면 되는 거라고 강요하는 것도 아니었다.

아이들이 어질러 놓거나 흘리거나 하는 것들은 피식 웃으면서 놔뒀다. 심각한 수준이 아니라면 며칠 놔뒀다가 내킬 때 후딱 치웠다. 아이들이 대들거나 남편과의 대화에서 거무튀튀한 감정이 올라오면 '그렇게 생각할 수도 있겠네요.' 혹은 '너는 그렇게 생각한다는 거지?'하고 넘어갔다.

　일하면서도 그랬다. 전에는 혼자서 할 수 있는 데까지 다 찾아보고 알아보곤 했는데 이제는 최대한 도움 받을 방법을 생각한다. 먼저 그 일과 흡사한 일을 해 본 경험이 있는 사람이거나 그 일을 알 만한 사람에게 다가가 절박함을 호소했다.
　대부분 기분 좋게 도와주었고, 여의찮을 경우 시일이 걸릴 뿐 뒷날 어떻게 되었냐며 걱정해 줌과 동시에 알아낸 정보들을 추가로 모아 주었다. 생각보다 세상은 살 만하다는 생각이 들기 시작했다. 내게 묻는 사람이 많다는 것은 내가 필요한 정보를 가지고 있기 때문일 것이고, 나를 괴롭히려고 그런 것이 아님을, 그들도 나처럼 도움을 청할 뿐이라고 생각하니 마음이 가뿐해졌다.

　'왜 나만 힘들지?'라는 생각에서 벗어난 결정적 계기는 주변 사람들과 자연스럽게 가까워지면서 그들의 이야기에 몰입하게 되면서부터였다. 여유로운 줄만 알았던 독신녀들도 부모님 간병과 재테크 문제로 골머리를 앓고 있었고, 능력자처럼 보였던 분들도 능력 이면에 깊은 외로움과 고독을 안고 계셨다. 얄밉기 그지없던 사람들도 내막을 듣고 나니 연민이 생겼다. 저마다의 결핍이 있음을 알게 되면서 일할 때도 융통성이 생기기 시작했다. 나에게 별거 아닌 일이 그들에게는 어려운 일이 될 수도 있고, 내게 어려운 일이 그들에게는 기꺼이 할 만한 일임을 알고 서로 도움을 요청하게 된 것. 일하는 틈틈이 눈을 감고 음악을 듣거나, 차를 마시는 날도 순순히 즐기기로 했다.

'번아웃 증후군'과 관련된 신문 기사에 의하면, 완벽주의 성향이 강한 사람이거나 사회복지 관련 일에 종사하는 이들이 번아웃 증후군에 빠질 가능성이 높다고 한다. 하지만, 이런저런 조건들을 따지지 않더라도 대한민국 직장인 64%가 겪고 있는 증후군인 데다 2030세대의 경우 3명 중 1명이 번아웃 증후군으로 기력이 쇠진한 상태이니 워킹맘의 문제는 절대 아니다. '번아웃'이라는 정의도 미국의 정신분석가 프로이 덴버가 1970년대에 과도한 직장 스트레스로 인해 정신적 문제를 겪는 사람을 설명하기 위해 만든 용어라 하니, 현대인이라면 국적 불문하고 이 문제의 일상적 해결 방안에 대해 머리를 맞대고 고민해 볼 문제가 아닌가 싶다.

전문가가 추천해 주는 방법으로는 자연과 가까워지기, 숙면과 건강한 식습관, 가벼운 운동, 주변인들에게 도움 구하기 등이다. 반갑게도 몇 가지 내가 실천하고 있는 방법이 보여 다행이다.

여느 주말과 다름없이 새벽에 첫째와 산책 후 공원을 바라보며 함께 차를 마시는데 아이가 말하길, "요즘에는 엄마가 전보다 화를 덜 내는 것 같아. 엄마가 노력하는 게 보여."란다. 의젓하게 눈앞에 펼쳐진 풍경을 응시하며 무심히 툭 던진 말인데, 갑자기 울컥했다. 그동안 엄마가 화내는 모습을 가장 많이 봐왔을 첫째이기에. 너도 많이 컸구나. 엄마를 관찰하고 이렇게 말해 주다니 정말 감동인데.

"…고마워. 네 눈에도 그게 보였구나. 앞으로 계속 노력하는 엄마가 될게." 아이 칭찬에 무안해진 나는 볼살이 미어지도록 첫째를 꼭 끌어안았다. 익살스럽게 웃음 짓는 표정에서 갓난아기 때의 모습이 배어 나왔다. 갑자기 오늘 하루는 이걸로 충분하다는 생각이 든다. 노력하면서 강해지는 워킹맘, 함께 도전해 볼 만한 일이다.

그동안 왜 이렇게 게을렀을까

"이 세상에서 제일 무서운 것은 무엇인가?

그것은 빈곤도 걱정도 질병도 슬픔도 아니다.

다름 아닌 삶의 권태이다."

　니콜로 마키아벨리의 말이다. 리더십의 대표작『군주론』을 비롯하여 '마키아벨리즘'이라는 말이 생겼을 정도로 강력한 지도자가 되기 위한 정치철학을 지녔던 그는 르네상스인의 전형이면서도 일부 사람들에게 극단적이라는 평을 종종 받기도 하는데(그는 관대하고 인자한 사람을 좋아하지 않았다고 한다), 그가 남긴 명언들을 깊게 들여다보면 치열하게 경험하고 고민한 자만이 표현할 수 있는 단단함을 느낄 수 있다. 마치 한땀 한땀 꼭꼭 박음질해서 절대 흔들리지 않으려고 작정한 사람처럼 말이다.

하루아침에 전 재산을 잃어버리는 것, 끊임없는 걱정거리, 내 건강을 해치는 병, 깊은 슬픔보다 '생에 대한 나태함'이 가장 무서운 거라니. 다시 말해, 무엇보다 자기 계발을 우선시해야 한다는 말이다. 흔히, 게으름이라 하면, '행동이 느리고 움직이거나 일하기를 싫어하는 버릇이나 태도'를 이른다. 여기서 '나는 행동도 빠르고 일하기도 좋아하는데 왜 이렇게 사는 게 재미없고 무기력하기만 하지?'라고 생각할 수도 있다. 나도 한때는 그랬으니까. 그런데, 번아웃되는 사태까지 이르고 보니, 내 가슴에 비수처럼 박히는 말을 만났다.

> "불필요한 일에는 게으름뱅이가 되고,
> 유용한 일에는 부지런하라."

나는 모든 일을 열심히 했다. 다 잘하려고 했고, 다 할 수 있다고 스스로를 몰아붙였다. 게으름과 관련된 책들을 살펴보면, 나 같은 부류의 사람에게 딱 들어맞는 내용이 나오는데, 단순히 부지런하게 움직인다고만 해서 변화하기는 힘들다고 한다. 말하자면, 정신적 에너지가 저하된 상태에서 목적 활동은 생각이나 감정, 의지도 함께 저하된다는 뜻으로 에너지의 효율이 떨어진다는 뜻이다. 내가 좋아하는 것과 잘하는 것에 에너지를 집중해서 쏟아부을 수 있었다면, 일하고 집안일 하는 것도 즐거웠을 텐데. 굳이 안 해도 되고, 적성에도 맞지 않는 일을 억지로 '새로운 경험'이 될 거라며 합리화시켰던 날들이 스쳐 지나갔다. 그런 날들이 길었다는 것은 효율적으로 쓸 수 있었던 큰 에너지가 갈 곳을 잃고 마구 흩어지면서 휘발되기 쉬웠고, 이는 곧 '내 삶에 대한 권태'로 이어졌다.

설상가상으로, 그렇게 비효율적으로 내 에너지를 쏟아가면서 내 몸과 마음에 충전 기간도 없이 달렸더니 빈혈과 만성 피로까지 달고 다니게 되었다. 한참 그렇게 사는 게 익숙해지면 무감각해지기 마련이다. 쉬어야 한다는 말을 들어도 어떻게 쉬는 게 잘 쉬는 건지, 어떻게 해야 유용한 에너지를 만들 수 있는지 도무지 감이 잡히질 않았다. 쓰러져서 입원이나 휴직해야만 어렴풋이 '이건 아닌데…' 하는 간절함이 살짝 올라올 뿐이었다.

극도로 정신적, 육체적 에너지가 저하된 상태에서는 어디서부터 어떻게 노력해야 에너지를 모아갈 수 있을까. 전문가들은 종종 전류의 흐름에 비유한다. 거창한 무엇보다는 그저 사소한 것일지라도 자기가 마음 편하게 즐길 수 있는 것부터 찾으라고 조언하는 것이다. 그러기 위해서는 무엇이든 '빨리빨리, 많이'하는 습관에서부터 '조금씩, 천천히' 해 보면서 내 주변을 잘 관찰하는 연습부터 해야 했다.

멍하니 흘러가는 구름을 바라보거나 옅은 바람결에 흔들리는 꽃잎 향기에 취해 보기는 어떨까. 20대 결핵을 앓았을 때도 창밖 야경을 보며 서글픈 마음을 달래었다. 40대 폐렴을 앓았을 때도 자고 일어나면 바깥 공기 내음을 맡으며 기운을 추슬렀다. 가만히 앉아 창밖을 바라보는 행동은, 내게 '일시 정지' 기능을 톡톡히 했다. 하루 중 30분 만이라도 가만히 있을 수 있는 시간을 필사적으로 지켜내고 나면, 모든 게 버틸 만했다.

처음에는 그렇게 멍하니 있다가 기분이 좋을 때면 일기를 길게 썼고, 그러다 보면 몰랐던 아이디어들이 떠오르면서 하나둘씩 하고 싶은 일이 생겼다. 어느덧, 취미 삼아 영어 원서도 읽고, 중국도 공부도 하며, 산책도 자주 다니게 되었다.

게으름을 이겨 내는 방법은 어떤 의미에서 나의 치부를 잘 이해하고 받아들이는 것과 같다고 생각한다. 내가 완벽주의 성향이라는 걸 깊게 이해하고 조금만 나에게 너그러워지기로 마음먹었을 때, 가슴 한편이 저며 오는 듯했다. 나 스스로 나를 위로하고 격려해야 한다는 걸 너무 늦게 알아버린 것만 같아서 미안했고, 서글펐다. 모범생 기질이 다분했던 나는 어린 시절부터 남들이 다 하기 싫어하는 것부터 해놓고 나서야 마음이 편했는데, 그렇게 지내다 보니 진짜 내가 하고 싶었던 것은 맨 뒷장으로 가 버려 '언젠가는 할 수 있겠지'라는 체념으로 굳어져 갔던 것이다.

하나씩 하고 싶은 것을 해 보려고 큰 틀을 잡기 시작했다. 나는 지적 호기심도 많고, 감수성도 예민한 편이어서 매일 나를 표현하는 취미를 가지되, 장기적인 계획을 세워 중간 점검도 하면서 하루 분량의 목표치를 설정해 나갔다. 일주일이 지나 역시 무리였다고 느껴지면 솔직하게 인정하고 계획량을 줄였다. 해 보니, 계획보다 더하게 되는 것들도 있고,

계획을 줄여도 잘 안 되는 것이 있었다. 내가 하고 싶다고 생각한 일이어서 적어 본 일이었으나, 내면의 동기가 약했던 것은 계획을 세운다고 해서 다 되는 것도 아님을 알아간다.

지금 내가 하는 일을 하루아침에 관두는 일이 생긴다고 하더라도 내 영혼에 어떤 상처가 되지는 않음을, 내 수중의 돈이나 명예나 건강 상태나 나빠지는 경우가 생기더라도 내가 내 삶에 대해 게으름피우지 않고 잘 지낼 에너지만 있다면 내가 잘살고 있다는 뜻 아닐까.

나는 보기에는 부지런한 사람이었지만, 오랫동안 내가 하고 싶은 곳에 에너지를 쏟아부으며 지내는 일에는 게을렀다. 뒤늦게 이 사실을 깨달았을 때는 새삼 나의 일과가 낯설게 느껴지기까지 했다. 이렇게 많은 잡다한 일을 아무렇지 않게 여태껏 해 왔다니. 정보가 흘러넘치는 세상에서 이런저런 말에 휘둘리다 보면 내 중심까지 휘청거릴 때가 틀림없이 왔다.

내가 가진 잠재력은 내가 알아내야 하고, 내가 피우는 게으름도 필요하다면 내가 선택해서 피우면 된다. 무조건 아등바등하며 '이렇게 많은 걸 오늘도 열심히 해냈어'라며 애써 위로하는 날은 과감하게 줄이자.

그러기 위해서는 갈피를 못 잡고 한참을 헤매더라도 나에게 시간을 주어야 한다. 나의 진짜 게으름을 직면할 시간이 필요하기 때문이다. 내 주변에는 아직도 '무조건 부지런한' 사람들이 많다. 그들의 잠재력은 어쩌면 타인들에게서 발견되기도 하는데 정작 본인은 그저 지나치는 칭찬 정도로 받아들이고 있는 경우도 많이 봤다. 안타깝지만, 내가 뭐라 말할 수 없는 순간도 많았다.

자신에게 비효율적인 일이라면, 누구에게나 게으름을 피울 권리는 있다. 워킹맘이어서 게으름과는 거리가 멀다고 생각할 수 있겠지만, 오히려 나는 결혼 이전보다 이후에 훨씬 게을렀다. 모든 일상생활에서 내가 써야 할 진짜 에너지를 비효율적으로 쓰고 있었기 때문이다. 기왕이면 집안이 깨끗하면 좋겠지만, 항상 깨끗하게 해 두려고 쓸데없이 진을 뺐다. 내가 좋아하는 외국어 공부나 책이 있는데도 '그런 걸 할 시간이 어디 있어'라며 젖혀 두었다. 몸이 아프고 피곤한 줄도 모르고 '이런 것도 못 이겨 내나?' 하며 스스로를 닦달했다. 나 같은 성향의 워킹맘들에게 간곡히 부탁하고 싶다. 나의 진짜 에너지에 집중할 수 있도록 그 이외의 것에는 게을러지자.

아침에 일찍 일어나 마시는 따뜻한 차 한 잔, 운동복에 웃옷만 걸치고 후딱 나서는 산책길, 일하는 틈틈이 조금씩 좋아하는 책 읽기, 나를 설레게 하는 아이디어 메모하며 실행하기 등은 워킹맘이라는 현실에서 결혼 이전의 자유로운 영혼으로 나를 데려다준다. 나는 내 기질에 맞지 않는 것에 아주 게으르며, 내 잠재력을 향상할 수 있는 일에 아주 부지런하다. 당신도 그럴 수 있기를 진심으로 바란다.

6

나를 죽이지 않는 육아

"세상에서 가장 위대한 이름 중 하나는 부모이고,

엄마 아빠라 부를 수 있는 부모님이 계시다는 건

가장 큰 축복 중 하나이다."

'짐 데민트'라는 전 미국 상원의원이 저런 말을 했다고 한다. 그의 정치적 행보와 상관없이 이상하게 저 문구가 뇌리에 오랫동안 남는 이유는 무엇일까. 아마 부모도 부모 나름이라는 생각 때문에 한참 문구의 의미를 생각했던 것 같다. 정말 부모가 있다는 것만으로도 아이에게 큰 축복이 되려면 '좋은 부모'가 되어야 한다고, 부모의 이지러진 가치관의 대물림이나 근거 없는 감정선이 아이의 정서에까지 전이되어서는 안 된다는 생각을 굳게 하는 나를 발견했다.

처음 아이를 만났을 때가 생각난다. 숨소리도 신기하고 초점 없이 큰 눈망울을 이리저리 굴려대는 모습이 마냥 신기했다. 내 몸에서 이런 신비로운 몸짓을 하는 생명체가 나왔다는 것도 그랬고, 조리원에서 아이의 첫 똥 기저귀를 가는 행위조차 허둥대며 해 보고는 감격스러워서 사진까지 남겨두지 않았던가.

분명 그렇게 귀하게 만난 아이가 '육아'라는 길고 난해한 터널을 만나면서 급기야 내 정신까지 혼미해지는 것을 느꼈다. 두 아이가 넘치는 에너지로 나에게 엉겨 붙어 성질을 부리든 애교를 부리든, 내 영역과 한계는 주소를 잊었다. 가히 육아는 내 인생에서 전혀 예상치 못한 '늪지대'였다.

100일이 지나면 사람들이 밤에 좀 자기 수월할 거라고 귀띔 해 주었다. 정말 그랬다. 그런데 이번에는 돌이 지나면 아이 다루기가 많이 편해질 거라고 했다. 정말 그런가 싶더니, 미운 4살도 있고, 미운 5살도 있었다. 아, 이제 알겠다. 그때그때 아이 키우느라 힘든 엄마에게 위로차 하는 말일 뿐, 육아라는 늪은 애당초 끝이 없는 거였구나. 그렇다면 더 이상, 이 끝없는 늪에서 너희들과 나와, 그리고 남편까지 이렇게 다 같이 허우적거리고만 있을 수 없겠다. 아니, 도저히 이래서는 안 되겠으니, 육아할 때 하더라도 이렇게 힘든 이유라도 알아야겠다. 최고까지는 아니었지만, 최선을 다해 봐도 모르던 시절이었다.

가족학과 전문가들은 말한다. 현대사회가 핵가족화된 역사가 불과 반세기 정도밖에 되지 않았고, 정보의 홍수화 속에서 초보 부모들은 어떤 게 자신의 아이에게 맞는 수면법이고 교육법인지 갈피를 잡지 못한다. 맞벌이라고 부르지만, 산고의 고통을 겪어 본 엄마가 본능적으로 육아의 전담을 홀로 짊어진 모습은 기울어진 운동장을 연상케 한다. 자본주의 사회에서 각종 교육적 성과를 과시하는 각종 장난감 및 교재를 활용해 보고, 전문가 멘토들의 자문을 구해 본들 역부족이다. 그저 저 아프리카 원시시대 수렵 채취 활동을 하는 부족들의 생활상을 밀착 취재해 보아도 얻을 수 있는 지혜라고는 '기다려 주는 것'과 '믿어 주는 것', 그리고 화가 나더라도 '묵언으로 가만히 있기'라는 단순한 진리에 때늦은 후회만 깊게 밀려들 뿐이다.

아이들은 잘못이 없다. 본래 아이들은 떼를 쓰고, 뭐든 같이 하려 들고, 모르니까 실수하면서 '같이 놀자'는 것 아니겠는가. 그러나 이게 또 나와 같은 완벽주의 성향 엄마에게는 가장 어려운 일이다. 뭐 하나만 하려 해도 시간이 어마하게 지체될 뿐만 아니라, 얼른 해치우고 조금이라도 쉬고 싶은 마음에 그 순간 아이들과 함께 웃으며 같이 데굴거리는 일이 그렇게 피곤할 수가 없었다. 함께 해야 하는 집안일이 점차 내 일이 되어 갔고, 같이 즐기면서 해야 하는 학습이 나의 지시와 고압적인 말투의 씨앗이 되어 갔다. 가족 누구도 미덥지 않아서 도와달라는 말도 안 했고, 혼자 꾸역꾸역 해내면서 심야에 눈물을 훔치곤 했다.

나도 아이 키우는 재미를 알고 싶었다. 워킹맘도 살 만하다는 행복감을 24시간 중의 잠깐이라도 느끼고 싶었다. 그 감정을 느낄 수만 있다면 햇살 한 줄기를 쬘 때도, 머릿결을 스치는 바람 한 줄기에도 내 삶이 의미 있을 것 같았다.

그런 생각이 간절해질 때마다 너희들에게도 좋고, 나에게도 좋은 게 뭘까 궁리하기 시작한 것 같다. 나는 온천을 즐기는 편이었고, 뜨거운 탕에 들어갔다가 나와서 잠시 쉬는 시간을 사랑했다. 노천 온천에서 하늘빛을 구경하거나 구름 모양 관찰하는 걸 좋아했고, 나뭇잎 밟는 소리와 계곡물이 흐르는 소리를 감상하는 게 좋았다. 그래서 혼자 독박 육아를 해야 하는 날이면, 주먹밥을 싸 들고 무조건 나갔다. 인근 공원 나무 그늘이 있는 곳에 돗자리를 깔고 아이들이 좋아하는 그림 도구를 챙겨 자연 풍경을 그리게 했다. 그러면 아이들은 보이는 대로 그림을 열심히 그리다가 주먹밥을 먹고, 뛰어다니다가 집에 와서 따뜻한 욕조에 한참 놀다 잠든다.

이것도 자주 하면 아이들도 공원 가기 싫다고 꾀를 부리기 시작하는데, 그럴 때마다 공원을 조금씩 바꾸어 나갔다. 다니다 보면, 주로 공원 근처에 도서관이 있기도 하고, 근사한 카페가 있기도 하다. 토끼풀을 뜯어 꽃다발을 만들어 오라고도 하고, 민들레 씨를 후후 불며 장난을 치기도 한다. 지금은 늦가을이니까 바스락거리는 낙엽 소리가 아주 그만이다.

한동안 남편에게 서운한 일이 있는데도 속으로만 끙끙 앓다가 혼자 독박 육아를 해야 하는 기간이 길어지자, 집에 가만히 있는 것도 미쳐 버릴 것 같은 때가 있었다. 안 되겠다 싶어 아직 어린 아이들과 온천 숙소에 1박을 하고 셋이 실컷 놀다 온 날이 있다. 지금도 아이들은 잊을 수 없는 행복한 추억으로 내게 말하곤 하는데, 웃기는 게 그 이야기를 들을 때마다 내가 심적으로 어떤 소용돌이를 겪으며 보낸 하루였는가를 함께 떠올리게 된다는 거다.

그저 그 한 뼘의 용기만으로도 살 것 같았다. 남편이 없으면 속상해하며 혼자 견디는 게 아니라 아이들과 함께 만들 수 있는 나만의 요령을 터득해 나가기로 했다. 지금은 당당하게 내 일이 몰리거나 하면 남편에게 아이들만 데리고 하루를 보내 주기를 부탁한다. 도저히 집중 못해서 꼭 해야 할 일을 못 하게 되면 주말 저녁 늦게라도 양해를 구하고 카페에 가서 마무리하고 돌아온다.

아이들이 행복해도 내 행복에 금이 가서는 안 된다. 아이와 함께하는 가족이지만, 아이의 인생과 내 인생의 궤도는 또 다른 것이다. 나는 완벽한 부모가 아니며, 단지 노력하는 부모일 뿐이다. 아이들을 존중해 주기 위해 나의 것을 희생하는 것이 아닌 '엄마'나 '아빠'의 행복 포인트도 존중받아야 마땅함을 아이들에게 주지시킨다. 그렇게 할수록 아이들이 나를 잘 이해하고 집안 상황을 헤아릴 줄 알았다. 아이들을 위해 내가 하고 싶은 것을 미루어야 한다면 최대한 조율하려 했다.

조금 더디더라도 꾸준히 나를 가족들에게 알리고, 아이들의 요구와 호기심에도 귀 기울이려 노력하는 부모면 된다. 살아 보니, 남편도 참 하고 싶은 것이 많은 사람이었구나 싶다. 대한민국에서 남자로 살아간다는 게 얼마나 피곤한 일인지 결혼 전에는 몰랐다. 나는 대한민국에서 힘들게 살아온 '여자'였으니까. 그런데 남편을 보니, 그 성격에 참 표현도 못하고 내면에서 묵혀 둔 열망을 이제야 깨닫고 원하는 대로 살아 보고 싶어 하는 것을 무슨 이유로 말리겠는가. 그의 선택에 적극 찬성하지는 못하더라도 존중할 마음은 내어 줄 줄 알아야 했다. 그것은 그를 위해서라기보다 나를 위해서, 그리고 중년에 들어선 우리 모두를 위해서이기도 하다.

육아의 길은 아름답지만은 않다. 차라리 숭고하다는 표현이 더 어울리지 않나 싶다. 아무것도 모르던 내가 때로는 나를 부숴 가며 짓이겨 가며 해내어야 하는 일이다. 책임이자 의무이기도 하고, 나의 이기(利己)를 훌쩍 넘어서는 일이라는 생각도 든다.

내 아이들에게 나라는 부모가 있다는 것 자체만으로도 큰 축복이 되게 하려면 '노력하는 부모'가 되어야 한다. 노력의 수위는 철저하게 내 몫이다. 그래서 어렵다고들 하나 보다. 저 많은 육아 전문 서적은 '노력의 흔적'이라는 면에서는 가치가 있다. 맹목적으로 따라 하기보다 내 안에서, 내 수준에서 나도 아이도 함께 살 수 있는 것들만 추려 내어 실천해 보자. 모든 워킹맘이 '나를 죽이지 않는 육아'를 했으면 한다. 워킹맘이 살 만해야 아이들도 살 만한 세상임을 모든 이들이 진심으로 이해해 주었으면 한다.

7

아이들이 내게 온 이유

"행복한 세상은 엄마들이 얼마나 기뻐하는가에 달려 있어요."

『내가 엄마를 골랐어』라는 동화책이 있다. 책 말미에 작가의 말에서 노부미 작가는 이렇게 말한다. 놀라운 사실을 가르쳐 주겠다며, 아이는 엄마가 기뻐하는 모습을 보면서 다른 사람까지 기쁘게 할 수 있다는 사실을 깨닫는다고 말이다. 만화책처럼 아기자기한 그림에 코믹한 대사로 처음엔 무심코 지나쳤던 작가의 말을 세월이 흐른 지금에서야 곱씹어 보게 된다.

아이를 가졌을 때의 신기함에 대한 기억이 벌써 희미해졌다. 뱃속에서 태동하는 아이 몸짓에 일하면서도 쿡쿡 웃었던 날이 분명히 있었는데 말이다. 아이가 뒤집기를 하고 재롱을 부리고 아장아장 걷던 모든 기억이 조금씩 옅어지면서 기뻐했던 기억보다 지금 오늘이 힘들다고 건방지게 투정 부리는 엄마는 아닌지 모르겠다. 동화책에서처럼 분명히 아이들이 하늘나라에서 엄마를 골랐고, 나를 괴롭히러 온 게 아니라 기쁘게 하려고 온 거라면, 나는 깊이 반성해야 하는 엄마임이 틀림없다.

누군가가 내게 아이를 낳고 달라진 것이 뭐냐고 물어온다면 어떻게 대답해야 할까. 우선, 내 삶의 형태가 크게 달라졌다. 아이가 커갈수록 자기 것밖에 모르는 이기적이고 못된 아이가 될까 봐 불안했다. 그래서 바르게 키운답시고 가르친다는 것이 조바심을 이기지 못하고 종종 언성을 높이게 되었다. 습관처럼 그렇게 지내다 보니, 잘하는 건 당연한 것이 되어 버리고 잘 못하는 건 여전히 나와 아이의 결핍으로 굳어져 갔다. 내가 아이들에게 자주 웃어 보이고 상냥하게 굴고 있나. 언제부턴가 착한 아이나 이타적인 인간이 무엇인지에 대해서도 헷갈리기 시작했다. 바르다는 것은 무엇이며, 내가 생각하는 육아관은 얼마나 탄탄한 것인지 파악하지 못해 갈대처럼 흔들린 것은 나에게만 해당하는 일일까.

〈그대들은 어떻게 살 것인가〉라는 미야자키 하야오의 애니메이션에는 이런 장면이 있다. 평범한 이 세계가 아닌 탑의 세계에서 히미상과 마사토는 또래 아이로 만났지만, 사실 그들은 이 세계에서 엄마와 아들의 관계이다. 히미상은 마사토에게 너처럼 좋은 아이를 낳을 수 있다는 건 멋진 일이라며 기꺼이 죽음의 운명이 예정된 문을 선택한다. 한 치의 망설임 없이.

아무리 생각해 봐도 나 역시 저 장면에서 똑같이 했을 것 같다는 사실에 눈시울이 붉어졌다. 누군가가 죽고 다시 누군가가 태어난다는 건 이런 것일까. 내가 죽더라도 아이들은 나를 기억하며 조금 더 오래 이 세상에서 살 수 있겠지. 더 오랫동안 주어진 인생을 누렸으면 하는 바람이 일었다. 갑자기 상상도 해 보지 못한 거대한 그림이 펼쳐지며 내 삶에도 의미가 있겠다는 생각이 들었다. 내가 이제껏 살아온 일상의 차원이 달라지는 느낌이란, 이 세상에 나만 있는 것이 아니라 다음 세대와 그다음 세대까지 모두 하나로 이어져 있다는 일체감이 아닐지 싶다.

아이를 기르면서 생각하는 방식과 크기가 점점 커졌다. 생각해 보니 그렇다. 아이와 함께하면서 어린 시절 나를 되새기며 어설프지만 진짜 어른이 되어 가려고 한다. 살아온 대로 생각하지 말고, 생각하는 대로 살아가야지. 우리 아이 세대들에게 좋은 본이 될 수 있도록 아이들 마음을 소중히 여겨야지. 아이는 내 삶을 중요하게 만들어 주었다. 산책길에 들꽃들을 함부로 꺾지 않고, 자그마한 미물도 따스한 보살핌이 필요하다는 것, 누구나 힘들고 외로울 수 있음을 이해하고 다독거릴 줄 아는 것은 아이를 기르면서 새삼 깨우치게 되는 부분이다.

하루는 둘째가 저녁 차리고 먹느라 정신없는 내 앞에 '짜잔'하고 물건을 하나 올려 두었다.

"엄마, 잘 봐봐. 이게 뭔지 알아? 내가 만든 라디오야. 엄마는 음악 듣는 거 좋아하지? 내가 주파수를 잘 맞춰서 들려줄게. 봐 봐." 하면서 손수 제작한 라디오의 주파수를 열심히 맞추어 댔다. 얼마 지나지 않아 하나의 채널이 잡히면서 내게 익숙한 강산에의 '연어처럼'이 울려 퍼졌다. 얼마 만에 듣는 라디오 음악인지, 게다가 강산에의 저 노랫말과 선율이 식탁 한가득 향수처럼 번지는 게 무척 마음을 평온하게 했다. 예상치 못한 순간에 내 젊은 날의 추억이 주마등처럼 스쳐 지나가면서 젓가락질을 자연스럽게 멈추게 되었는데, 이번에는 그다음 곡으로 흘러나온 올드팝송이 남편의 추억을 건드렸는지 뭔가 짠한 표정이다.

둘째는 가만히 엄마 아빠의 표정을 유심히 살피더니,

"음악이 좋아? 음악 좋지? 그치? 그래그래…. 만약에 내가 라디오를 만들어 오지 않았다면 엄마는 지금, 이 음악을 못 들었을 거야." 하며 그 조그만 입에, 김치찌개에 말은 밥숟가락을 미어터지게 넣는 게 아닌가.

순간 깨달았다. 지금, 이 순간 느끼는 이 감정이 내 젊은 날의 것과 지금 아이의 말이 절묘하게 어울려야만 와닿는 것임을.

고맙다, 둘째야. 네 덕분에 이 순간만큼은 기억할 수 있겠구나. 이 정신없는 저녁 밥상머리에서도 감동이라는 걸 꽉 잡아 주었구나. 하마터면 놓칠 뻔했던 삶의 소중함이란 이런 것이구나. 갑자기 눈앞이 흐려지려는 걸 간신히 참았다.

한번은 이런 적도 있었다. 하도 내가 분을 참지 못하고 남편에게 이런저런 잔소리를 식탁에서 늘어놓다가 둘째와 눈이 마주쳤는데, 지겨워 죽겠다는 표정이라기보다 언제쯤 그만두려나 싶은 눈빛으로 나를 물끄러미 바라보는 것이었다. 나는 냉큼 그 표정에 대꾸하듯 말했다.

"엄마가 말이야. 그동안 너무 많이 참았어. 너무너무 오랫동안. 이제는 엄마가 못 참겠기에 이러는 거야. 근데 너무 많이 참아 왔잖아? 그래서 이젠 그만하려 해도 멈춰지질 않아."

가만히 내 얘기를 듣더니 둘째는 차분하게 말했다.

"있잖아… 그런데 말이야, 엄마. 엄마가 참은 만큼 다른 가족들도 많이 참은 건지도 몰라."

순간 할 말을 잃었다. 아무리 생각해도 둘째의 말은 내가 엄마로서 얼마나 자격 미달인지를 스스로 깨닫게 해 주었다. 나의 부족한 성찰과 배려로 가족들이 겪었을 피로감을 생각하니 마냥 부끄러웠다. 어린 영혼의 아이들이지만, 나는 제대로 관찰되고 있었고, 누구보다 애정 어린 말투로 참된 조언을 받고 있었다. 맙소사.

이제야 조금 알 것 같다. 내 아이들이 내게 온 이유는 나를 괴롭히거나 힘들게 하려고 온 것이 아니라, 지금 내 인생에서 무슨 일이 어떻게 일어나고 있는지 올올이 느껴 보라고 나타난 것임을. 아이 덕분에 처음 느껴 본 내 안의 불안함과 두려움마저 극복해야 하는 것임을, 아이를 보며 나를 거울처럼 매번 비추어 본다는 사실을, 나의 엄마도, 엄마의 엄마도 이렇게 해 왔겠다고 생각하면서 지금 내가 느낄 수 있는 것, 할 수 있는 것을 꼭꼭 지켜보게 한다는 것을 말이다.

그래. 무슨 부귀영화를 바라자고 이렇게 지긋지긋하게 잔소리하고 마는 건지. 그저 너희들을 만나 이렇게 도란도란 맛있는 음식을 나누어 먹고 깔깔거릴 수 있다는 기쁨만으로도 의미는 충분한 것을, 왜 자꾸 잊어버리게 되는 걸까. 돌이킬 수 없는 호된 경험을 겪고 나서야 깨닫게 되는 우를 범하는 일이 없도록 '깨어' 있어야겠다. 제대로 '살아' 있어야겠다.

수줍던 새색시가 두 아이를 낳고 억척스러워지면서 흡사 동화책 속 마녀나 늑대처럼 누군가를 조마조마하게 만드는 존재가 되어 버렸구나. 너희들이 내게 온 이유는 워킹맘인 내가 지겹도록 꾸중하는 소리를 들으려고 온 것은 아닐 텐데 말이야. 어떻게 하면 한 번이라도 너희들과 함께 웃을 수 있고, 기뻐할 수 있을까를 기꺼이 고민할게. 그러기 위해 매일 아침 좋은 생각과 글귀를 접하며 너희들을 소중히 대할 수 있는 엄마가 되는 연습을 할게.

"모두들 누군가를 기쁘게 해 주려고 한다면

이 세상은 더욱 행복해지겠지요."

앞서 말한 노부미 작가의 현명한 인생철학이 듬뿍 묻어난 말이다. 내 가족들부터 기쁘게 해 주려는 마음을 잃지 말자. 특히, 출산의 모든 고통을 깡그리 잊게 할 만큼 잘 자라고 있는 어린 영혼들에게. 그 첫걸음부터 잘 다져진다면 세상은 더욱 행복해질 것이 틀림없다.

4장
─────────────
황금을 입에 무는 시간,
새벽

새벽 시간을 찾아서

"이른 아침은 입에 황금을 물고 있다."

미국의 정치가이자 과학자 벤저민 프랭클린의 말이다. 학창 시절 때의 일이다. 혼자서 서점에 들렀다가 옆에 있는 문구점에서 아주 커다란 글씨로 '벤저민 프랭클린 다이어리'라 쓴 광고문구를 봤다. 바로 밑에는 그가 활용했을 법한 메모들로 채운 견본이 있었다. 그 다이어리에서 인상 깊었던 것은 이렇다. 무조건 새벽 5시에 일과가 시작된다는 것과, 공적인 일과 사적인 일을 한눈에 볼 수 있다는 것이었다. 특히, 사적인 일을 적어 두는 난에 '오후 2시, 아내에게 미안하다고 전화하기.'라고 적힌 부분을 보고, 무언의 감동을 느꼈다. 50년간 새벽 5시에 일어나는 것도 10대의 나에게는 말 못 할 충격이었는데, 오후 2시에 아내에게 사과하는 전화라니. 그가 일구어 내는 루틴만큼이나 가까운 사람들에게 정성껏 공들이는 모습이 경이로웠다.

그때는 다이어리 마케팅 전략이라고만 생각했다. 그의 인생이나, 그가 왜 다이어리 활용의 대가로 여겨지는지를 제대로 이해하지 못했다. 그런데 이제 와서 그가 살아온 인생과 흔적을 살펴보니 여러모로 지금을 사는 내게 영감을 주는 부분이 많다. 그의 아버지에게는 두 명의 아내가 있었고, 벤저민 프랭클린은 그 두 번째 부인에게서 태어난 15번째 아이였다고 한다. 10살 때 집안 형편이 어려워 형의 인쇄소에서 일하다 17세에 가출해서 스스로 인쇄소를 차리기도 하고, 도서관을 차리기도 했다. (일종의 북클럽 활동 회원이었는데, 당시에는 책이 귀해 모두 책을 사기보다 한 곳에 비치해 두고 읽자는 취지에서 만들었다고) 또한, 성공한 사업가였으나, 은퇴 후에 월급 받고 과학연구에 몰두하다 피뢰침까지 발명했다. 정치적으로는 토머스 제퍼슨과 미국 독립선언문까지 기초했다. 역시 건국의 아버지답다. 미국 지폐 100달러에 실릴 만한 이력이다.

하지만, 생각보다 그가 말하는 성공의 비결은 굵직하고 간결하다. 새벽 5시에 일어나 책을 읽고, 저녁 10시 전후로 잠 드는 것. 다만 50년 동안 진짜 그렇게 살았다는 데에 주목할 필요가 있다. 나는 여태껏 새벽 5시에 일어난 기간이 50년이 아니라 5년도 채 되지 않는다. 그리고 어쩌다 5시에 일어났다 하더라도 꾸준히 책을 읽기 위해서는 아니었다. 새벽 기상으로 자기 계발을 한다는 건 21세기의 현대인들에게도 여전히 만만치 않은 일이다. 18세기 사람이 84세로 장수했다는 사실만 봐도 그렇다. 지병으로 생을 마감했다기보다 질적으로 건강한 삶을 살았던 그의 사고방식 덕분에 장수할 수 있었던 건 아니었을까.

무조건 일찍 일어나는 일이 자랑할 일은 아니지만, 많은 이가 잠들어 있는 시간에 무언가를 차곡차곡 쌓아 가는 경험은 각별할 것이다. 누군가의 강요도 없고, 생계를 위한 괴로운 일과도 아니며, 허영이나 과시를 위한 일도 아니다. 그저 내가 하고 싶어서 내 마음에 그럴 만한 공간을 내어 주는 일. 나를 잘 들여다보고 조금이라도 나아지려는 다짐이다. 가능성이다.

시간은 누구에게나 평등하게 주어진다. 나의 24시간도 가능성이 될 수 있다면 그중 내게 맞는 환경설정을 할 필요가 있겠다 싶었다. 어릴 적부터 무언가에 몰입할 일이 생기면 밤을 새웠던 추억이 많았지만, 이제는 밤샘의 기운과 사뭇 다른 새벽의 기운을 선택하겠다. 나는 저녁 늦게까지 몰입해 있는데 아이들은 자지 않아 잔소리한 날들이 머릿속을 스치고 지나갔다. 내가 아이들과 같이 일찍 자되 아이들보다 조금 더 일찍 일어나 보지 뭐. 말로 하는 게 역부족이다 싶을 때는 아이들과 한 몸이 되어 아이들의 일상에 풍덩 빠져보는 것도 방법이겠다 싶었다.

저녁을 먹고 나면 아이들 곁에 있었다. 실내에서 풍선 공을 만들어 배드민턴하거나 잡다한 인형들 사이를 비집고 다 같이 누워 뒹굴뒹굴하더라도 그게 마음 편했다. 저녁 먹은 후, 잠깐이라도 누워 쉬던 시간에 거실 테이블에 앉았다. 아이들 숙제도 봐주고, 이런저런 이야기도 했다. 모두 다 오늘 하루에 대한 예의이고, 마무리이다. 내일을 향한 준비 행동이다.

10시가 조금 넘으면 아이들과 함께 침대로 간다. 그리고 수면 유도 음악을 틀었다. 잔잔한 음악을 들으며 아이들을 양팔에 끌어안고 머릿결을 어루만져 주다 보면 30분 안에 다 같이 곯아떨어졌다.

이 평화로워 보이는 일상을 만들기까지 아이들도 나도 우왕좌왕했던 시간이 길었다. 이튿날, 아이들과 똑같이 일어나 허둥거린 경험과 내 조바심에 온 식구들을 닦달했던 어리석은 행동, 내가 나의 짜증과 피곤함을 감당하지 못해 불쾌하게 시작했던 무지함이 있었다. 이 모든 악순환의 연결고리를 끊어 내고 싶었다. 늘 체력은 달렸고, 기초 체력이 없으니, 마음도 자꾸만 약해졌던 것 같다.

평소 약이라고는 챙겨 먹지 않았던 내가 아이들 감기약 처방을 받으면서 내가 먹을 만한 영양제도 있냐 물었더니, 약사가 친절하게 설명해 주었다. 아직 그 나이에 종합 영양제도 안 챙겨 먹냐는 듯한 놀라운 눈빛과 함께. 성능 좋은 종합 영양제를 챙겨 먹기 시작했다. 약을 먹기 위해 저녁을 더 꼭꼭 챙겨 먹었고, 아침에 일어나면 공복에 물과 함께 역류성 식도염 약도 챙겨 먹었다.

영양제 덕인지는 잘 모르겠다. 그러나, 확실히 자그마한 나의 노력으로 아이들보다 조금씩 일찍 일어날 기운이 생기면서 스트레칭까지 할 여유가 생기기 시작했다. 그런 날들이 점점 많아지다 보니, 확실히 루틴이라는 게 뭔지 알게 되었다. 간혹 늦잠을 자더라도 1시간짜리를 속성으로 테이프 돌려 감기 하듯 10분으로 축약해서 하고 나면 역정 낼 시간도 함께 사라졌다.

어쩌다 보니 나만의 루틴이 생겼다. 벤저민 프랭클린처럼 대단한 업적을 남기지 못하더라도 괜찮다. 출근 전 약 1시간 정도만 일찍 일어난다면 해 볼 만한 일이었고, 그 시간만이라도 만끽할 수 있는 무언가를 발견했다면 축하할 일이었다. 또 다른 가능성의 시작이므로.

'이거 재밌다'라는 생각이 들면 그때부터가 시작이다. 일어나자마자 세수와 양치질을 하고 물 한 잔을 마신다. 어둑한 거실 한 편에 불을 켜고 책상에 앉는다. 사각거리는 펜으로 내가 상상하는 오늘을 쓴다. 내 기분에 따라 원서를 읽기도 하고, 내가 살고 싶은 삶을 살아낸 사람들의 글을 읽기도 한다. 누군가가 들려주는 역사 이야기와 세상 돌아가는 이야기에 고개를 끄덕이며 밑줄을 긋기도 한다. 출근 준비 직전에 가뿐하게 스트레칭도 해 본다. 1시간의 위력은 생각보다 컸다.

이제야 '이른 아침은 입에 황금을 물고 있다'는 말의 속뜻을 알겠다. 나를 성찰하면서 잠재력을 알아가는 시간이었다. 내가 바라던 삶의 바로미터였다. 이른 아침에 충실할 수 있다는 것만으로도 미래를 담보로 오늘을 희생하는 오류는 원천 봉쇄되는 거였다.

출근 전 1시간 일찍 일어나기 위해 어수선했던 저녁 일상을 바꾸었다. 집에서 내가 좋아하는 장소를 물색해서 매일 그 자리에 앉았다. 매일 쓰는 노트와 필기구가 있다. 매일 사용하는 내 컵이 있다. 황금을 물고 시작하는 출근 전 1시간 환경설정이다.

이제 벤저민 프랭클린이 그랬던 것처럼, 워킹맘들도 매일 이른 아침 그 자리에서 하고 싶은 것을 하면서 입에 황금을 물었으면 한다. 간혹 '아이들에게 괜한 일로 소리쳤던 그 일에 대해 사과하기-오후 6시'라는 문구를 적는 한이 있더라도 말이다.

기본 루틴을 디자인하다

"어머, 새벽 5시에 일어나서 이런저런 집안일하고 오면 피곤하겠어요. 대단하신데요."

동료들에게 종종 듣던 말이었다. 실제로 왕복 40킬로 운전을 해 가며, 돌보미 이모님에게 아침 일찍 두 아이 등 하원을 맡기고 출근하던 때였으니까. 처음에는 오후 5시쯤 되면 피곤이 쓰나미처럼 밀려왔고, 평소 안 마시던 커피까지 마시면서 퇴근하곤 했다. 동료의 말처럼 새벽 일찍 일어나 아이들 등원 준비물과 간단한 아침, 그리고 간단한 청소까지 마치고 나니 출근할 시간이었다. 분명히 새벽에 일어났고, 내가 하고 싶은 일을 할 수 있었지만, 나는 내가 '해야 할 일'에 집중하느라 그 소중한 새벽 시간을 다 소진하고 있었다.

소위 '아침형 인간'이라 불리는 사람들이 성공할 확률이 높은 이유는 뭘까. 새벽에 일어나 '자신에게 가장 중요한 일'을 여유롭게 시작하기 때문이 아닐까. 아침 루틴으로 성공한 사람들은 하나같이 아침형 인간을 넘어 새벽형 인간임을 몸소 보여 주고 있다.

　　애플의 CEO 팀 쿡을 비롯해 평소 새벽 6시에 출근하는 스타벅스 CEO 하워드 슐츠, 제너럴 모터스 최고 경영자 마리 바라 등이 그랬고, 국내에서도 고 정주영 현대그룹 회장이나 빌 게이츠 마이크로 소프트사의 회장은 새벽 3시에 일어나는 것으로 유명하다.

　　그러나 내가 저들이 스스로 구축하고 만들어 낸 아침 루틴을 나만의 방식으로 재해석하고 이해하기까지 걸린 시간은 얼마나 미련할 만큼 길었던가. 새벽 5시에 일어난 것은 오래되었지만, 나만의 기본 루틴을 제대로 마련하고 아침 루틴의 진가가 발휘된 것은 불과 1, 2년 전부터였다.

"새벽 5시에 일어나면 뭐 하세요?"

"음…. 운동도 하고, 책도 읽고, 하고 싶은 거 하다 보면 금방이에요."

'갓생'이라는 말이 유행할 때, 나중에야 그 의미를 알고 피식 웃었던 적이 있다. 갓생(GOD+生)아니고 그저 평범한 워킹맘 일상일 뿐이다. 그래도 한번 습관화되면 이만한 '내면 방패'가 없다. 간단하게 30분 루틴으로 소개해 볼까 한다.

1. 준비하기(5분)

하나. 일어나자마자 양치질한다.

둘. 미지근한 물을 공복에 마신다.

셋. 편안한 곳에 책과 필기구를 준비해 둔다.

넷. 매트를 깔고 척추를 바로 하고 앉는다.

자그마한 전등을 키든, 옆에 있는 아이를 들여다보고 안아주든, 집 안에 있는 모든 창문을 열어 환기를 시키든 상관없다. 하나의 의식처럼 습관적으로 나의 행동을 만들어 주는 게 중요하다는 게 전문가들 의견이다. 나는 방송인 오프라 윈프리나 『미라클 모닝』의 저자 할 엘로드처럼 양치질하면서 하루를 시작했다. 이후, 습관적으로 부엌을 향해 생수를 텀블러에 콸콸 부어 담고 기분 좋게 마시면서 더부룩했던 위를 호전시켰다. 그런 다음에는 자연스럽게 거실로 가서 읽을 책과 필기구를 체크했고, 바로 옆에 깔아 둔 매트 위에 앉아 심호흡 했다.

습관과 그 극단적인 형태인 강박행동을 오랫동안 연구하고 있는 미국 MIT 앤 그레이빌 교수와 다트머스대 카일 스미스 교수가 쓴 글을 보면, 우리 뇌에는 '습관 회로(habit circuits)'가 있어서 어떤 행동이 이 회로에 맞아떨어지면 좀처럼 헤어나기 어렵다고 한다.

연구자들은 쥐 실험을 통해 습관화되는 뇌 활동의 변화를 관찰했는데, 새로운 행동을 배우는 1단계, 습관이 형성되는 2단계, 습관이 각인되는 3단계로 나눌 수 있다고 한다. 그리고 마지막 3단계에 이르면 중뇌가 활성화되어 도파민을 분비해 행동에 쾌감이 따른다고. 그래서 한번 형성 되어 버린 나쁜 습관 회로는 좀처럼 벗어나기 어렵다는 이야기이다. 예를 들면, 식후 습관적인 군것질이나 잠깐의 휴대폰 사용만으로도 행복해하는 사람들이 있지 않은가. 그러나 좀 낯설더라도 좋은 습관으로 방향을 전환하면 우리의 뇌는 초반에는 전전두엽(의식적인 뇌)과 선조체가 반응하다 점차 습관이 형성될수록 전전두엽은 조용해지고 중뇌가 활성화되는 구조라고 한다. 다시 말해, 나쁜 습관은 무의식적으로 이루어지는 일련의 패키지 행동이지만, 습관 회로의 원리를 이해하고 의식적인 노력으로 공들이면 충분히 통제할 수 있다는 말이다.

좋은 습관 형성을 위해 전문가들은 말한다. 언제든 나쁜 습관의 자그마한 흔적이나 연결고리가 유혹할지 모르므로 이를 연상시키는 것들을 미리 차단하라고 말이다.

예전에는 아침에 일어나서 명상과 운동을 한다는 것 자체가 너무 낯설었다. 그러나 코로나 시기에 운동마저 하지 않으면 더 몸 상태가 나빠질 것 같았다. 이런저런 궁리 끝에 자기 전에 운동복을 잠옷 대신 입었다. (혹은 운동할 수 있는 편한 복장도 좋다) 전날 미리 매트도 거실에 깔아 두었다. 그리고 나니, 운동복 입은 채로 명상하기도 쉬웠고, 요가하기도 쉬웠다.

2. 명상(10분)

하나. 명상 앱을 켜고 음악을 듣는다.

둘. 눈을 감고 심호흡을 세 번 한다.

셋. 오늘 지금 나의 마음 상태를 느껴 본다.

넷. 오늘 하루 내가 디자인할 하루를 그려본다.

잠시만요, 엄마도 공부 좀 하겠습니다

헤지펀드계의 거물 레이 달리오, 방송인 오프라 윈프리, 팀 페리스 등 세계적인 유명 인사 중 명상하는 습관을 지닌 사람은 많다. 내가 처음으로 명상을 알게 된 것은 오프라 윈프리의 수필 『What I know for sure』라는 책을 통해서였다.

유럽 연구진이 발표한 여러 연구에 따르면 규칙적인 명상은 염증을 억제한다고 한다. 다시 말해 불안감과 스트레스로 인해 발생하는 세포 손상을 방지할 수 있다는 뜻이다. 게다가 명상은 항우울제와 동일한 효력을 지니고 있다 하니, 따로 기분 장애 치료 약물을 복용하는 이들에게는 무척 반가운 소식이 아닌가 싶다.

한동안 불면증이라고 말하기 애매한 상태로 잠을 설친 시기가 있었다. 명상이 뭔지도 모르고 오프라의 책과 톨레의 책을 벗 삼아 따라 하던 때였다. 간절하기도 했고, 다소 외롭기도 했던 한 달이 지났을까. 10분의 명상과 심호흡만으로도 신경이 가라앉는 것을 미세하게 느끼기 시작했다. 눈을 감았다가 명상 이후 다시 눈을 뜨면 개운했다. 좋은 기운이 올라오면서 조용히 입꼬리가 올라가는 내가 좋았다. 하면 할수록 중독성이 있었다.

도대체 뇌 속에서 무슨 일이 일어난 걸까. 신경 과학적으로는 명상이 뇌 속 회백질의 부피를 늘리고 오른쪽 해마 크기를 키운다는 점을 주목한다. 이곳은 감정 조절을 순조롭게 함으로써 스트레스를 감소시키고 의식적인 행동을 활성화한다. 명상 직후, 잠시나마 내가 느끼는 개운함은 어쩌면 '행복감'과도 무관하지 않겠다는 생각이 들었다.

성공한 많은 이들이 명상을 추천하는 이유는 깊은 내면의 불안감과 스트레스를 차분하게 다스리면서 자기 인식력과 집중력을 높일 수 있기 때문일 것이다. 나 역시 명상을 하게 된 이후 조금씩 머리가 맑아지는 것을 느끼며 그날 하루 중요한 일은 몇 번이고 시뮬레이션 해 볼 수 있었다. 언제나 결과는 훨씬 만족스러웠다.

명상이 습관이 된 이후, 잠을 설치는 일은 줄었다. 아침에 이유 없이 짜증 나던 감정도 사라졌다. 업무의 효율이나 집중력이 나아진 건 말할 것도 없다.

아침 운동은 마치 자격증과 같다. 이 자격증은 본인 스스로만 그 수준을 알 수 있다. 얼마나 맑은 정신과 건강한 체력을 유지하고 있느냐는 얼마나 성공적인 일상을 보내고 있는가로 직결된다. 그러므로 게을리해서는 누릴 자격이 없다. 보그 편집장 애나 윈터는 출근 전 2시간씩 테니스를 쳤다. 오바마 대통령은 웨이트 트레이닝과 유산소 운동을 꼭 하고 난 후에 백악관으로 출근했다. 그들의 일상이 얼마나 열정적이었는가를 엿볼 수 있는 대목이다.

당연한 말이지만, 운동을 하면 심장 박동 수가 증가한다.

신체 대사가 빨라진다. 아침에 일어나면 뇌는 일어나도 몸은 3, 4시간 이후에 완전히 일어난다는 점을 감안할 때, 아침 운동은 우리의 몸이 일반 도로가 아닌 고속도로로 달릴 수 있게 하는 톨게이트 역할을 해 준다고 생각하면 어떨까. 심박 수를 올리는 유산소 운동을 하면 아드레날린 분비로 개운한 느낌이 들 테고, 혈액 순환을 촉진해서 사고력이나 집중력을 높이는 데에도 도움이 된다. 아침 운동 이후 중요한 회의나 시험이 있다면 더더욱 몸을 움직이고 볼 일이다.

실제로, 미국 일리노이주립대 헤더 어윈 박사 연구팀과 하버드 의과대학 캐런 해커 박사 연구팀은 초중고 학생들을 대상으로 운동량과 학업성취도의 상관관계를 알아보는 연구를 수행한 적이 있다. 연구 결과, 운동 안 한 학생들이 학업성취도에서 상대적으로 낮은 점수를 받았다. 또한, 이는 성인의 연구 결과에도 똑같은 결과를 나타냈는데, 근육량이 많은 사람(운동을 주 2번 꾸준히 해 온 집단)이 그렇지 않은 사람보다 인지능력이 뛰어났다는 분석이다.

그렇다면 운동만 하면 뇌세포가 강화되어 절로 똑똑해진

다는 말일까. 뇌세포의 기능이 강화된 상태에서는 무엇을 하는 것이 가장 이상적일까.

　미국 하버드대 의대 정신과 교수인 존 레이티 교수는 모처럼 생긴 좋은 뇌세포들을 적극 활용하려면 연이어 새로운 것을 학습하라고 한다. 다시 말해, 새로운 지식을 흡수하여 기존의 지식체계에 첨가하는 방식으로 뇌세포 간 연결을 활발하게 해 주어야 한다는 것이다.

　그렇지 않으면, 공들여 생긴 뇌세포들은 자신의 역할을 찾지 못해 바로 죽는다고 한다. 실험 연구에서 센트럴 고등학교가 0교시 체육 시간 직후 가장 어려운 수업 배치로 학습 능력 향상을 이룬 배경이 여기에 있다.

　나는 내 체력의 한계치도 모르고 관리할 생각조차 하지 않았다. 그러나 그것이 곧 나에 대한 무지임을 깨닫고, 내 체질에 맞는 스트레칭을 시작했다. 아무래도 아침 기상 직후는 관절이나 근육이 뻣뻣한 상태이므로, 가벼운 스트레칭이 좋겠다는 결론이었다. 조금씩 근력이 생기면서 고강도의 스트레칭만으로도 땀이 삐질삐질 나곤 했다. 가볍게나마 몸 구석구석 안 쓰는 근육들을 풀어내고 출근하면 이전보다 활자나 문서를 해독하는 일이 덜 부담스러웠다.

4. 감사 일기(5분)

하나. 감사해야 할 일을 3가지만 적는다. (주로 최근의 일을 복기하는 편이다.)

둘. 각 항목에 대해 왜 그렇게 생각하는지 덩어리 글을 쓴다.

셋. 오늘 하루 디자인할 중요한 일 3가지를 쓰고, '감사합니다'로 마무리한다.

최근 감사한 마음을 가지는 것에 그치지 않고 그것을 각인 시키는 방법을 전파하는 유명인들이 많다. 켈리델리의 창업자 켈리 최는 최신작 『100일 아침 습관의 기적』이라는 책에서 매일 기상 직후 자신의 목표와 이상적인 모습을 시각화하고 확언할 때 '모든 것에 감사하다'는 말을 잊지 않는다고 한다. 국내 유명 연예인 중에서도 아이유나 박보검, 김우빈 등 하루를 맞이하거나 마무리할 때 감사 일기를 적는 사람들이 심심찮게 소개되어 화제가 되곤 한다.

UC데이비스의 심리학 교수인 로버트 에몬스에 의하면, 감사하는 사람은 훨씬 다른 사람들과 더 맞닿아 있다고 느낀다고 한다. 사회적으로 연결되어 있음을 느끼고 정서적 안정을 누린다는 뜻이다.

그는 감사 일기를 쓴 그룹과 그렇지 않은 그룹을 비교 분석한 연구를 했는데, 감사 일기를 쓴 사람 중 75%가 행복지수, 수면, 일, 운동 등 모든 면에서 월등히 좋은 성과를 냈다. 그저 감사하는 것만으로도 뇌에 긍정적인 영향을 미쳐 호르몬이 변하고 신경전달물질들이 바뀐다. 재미있는 것은 이역시 뇌 좌측의 전전두피질을 활성화한다는 점에서 명상이나 운동과 궤도를 같이 할 만한 행동이라는 것이다. 게다가 감사함을 느끼는 것은 나이, 소득 수준, 남녀노소와도 전혀 상관없으니 더없이 감사한 일 아닌가.

"인간의 위대함은 자기 자신의 보잘것없음을 깨닫는 데에 있다."

수학자이자 철학자인 블레즈 파스칼의 말이다. 그가 한 수많은 명언 중에 '습관은 제2의 천성이어서 제1의 천성을 파괴한다'는 말도 있지만, 나는 나쁜 습관을 간절하게 떨쳐내고 싶을 때 오히려 저 말을 되뇌며 겸손한 마음으로 침대에서 일어난다.

    부족한 나를 되돌아볼수록 좋은 습관을 위한 시간은 틈을 비집고 내 일상에 말을 건다. 감사하면서 내 몸과 마음을 다스리다 보면 타인들에게도 어떻게 대해야 할지 감이 잡힌다. 끊임없이 배우고 연습하는 자세로 루틴을 업데이트하자. 30분 루틴이 과하다면 5분부터 시작해도 괜찮다. 우리는 모두 성장하는 연습생이니까 말이다.

책 읽기에 진심인가요?

"책을 읽는다는 건, 저도 마찬가지지만,

독자들에게도 자기 존엄을 지키려는 몸부림인 것 같아요.

(중략) 혼자 책 읽는 시간만큼은 아무 방해도 받지 않고

나와 책만 있어요. 뭐랄까 다른 차원의 세계가 있는 거죠.

우리는 그 세계에 가 있고 싶어 하는 거라 생각해요."

김영하 작가의 인터뷰 중 한 대목이다. 투자의 귀재 워렌 버핏은 현명한 지혜의 비결 딱 한 가지만 알려 달라는 말에 '읽고, 읽고, 또 읽어라.'라고 회답했다. 현대 무용의 신화 같은 존재 이사도라 덩컨 역시 그 힘든 가난 속에서 독서를 통해 그리스 신화를 연상시키는 춤 동작을 세상에 선보였다.

투자가답게 워렌 버핏은 첫 번째도, 두 번째도, 세 번째도 '투자한 돈을 절대 잃어서는 안 된다'는 확고한 가치 투자 명

언으로 유명하다(현재 세계 부자 랭킹 3위이다). 이사도라 덩컨은 어떤가. 열정적으로 춤추다 의상이 흘러내려 반나체로 추는 바람에 언론의 비난을 받았을 때, '나의 몸은 내 예술의 성전(聖殿)'이라 말하며 오히려 청교도적인 편협한 시각을 지적했다.

김영하 작가가 말하는 자기 존엄이란, 인간만이 책 읽는 행위를 통해 어떤 부침에도 흔들림 없는 '철학'을 만들어 갈 수 있다는 뜻이 아닐까.

세계적인 신경생물학자 게랄트 휘터가 쓴 책『존엄하게 산다는 것』에 의하면, 존엄은 인간의 본능이자 삶 속에서 되살려야 하는 감각이다. 우리의 뇌는 살아가는 동안 수많은 부침을 겪으며 구조화되는 '사회적 기관'이기 때문이다. 흔들리지 않으려면 내면의 나침반이 필요하다. 존엄은 우리의 뇌 속에 뿌리 깊이 형성된 감각이므로 그 역할을 대신할 수 있단다. 쉽게 말해, 자신의 가치를 충분히 알고 있는 사람일수록 어떤 유혹에도 흔들림 없는 삶을 유지할 수 있다는 것이다.

중학교 시절, 펄 벅의『대지』를 읽고 흠뻑 빠져들었다. 후편『아들들』까지 떨리는 마음으로 사서 단박에 읽어 내려갔다. 어떻게 서양 작가가 이렇게나 동양의 정서를 잘 그려냈을까 싶었다. 아무리 중국에서 지냈다지만, 그녀가 중국인을 진심으로 사랑하는 마음이 작품 속에서 진하게 배어 나왔다.

이후, 세계 문학 중심으로 독서를 해 왔는데, 이제 생각하니, 많이 편식한 독서여서 부끄럽다. 이왕이면 문학을 계기로 역사책도 좀 더 읽어 보고, 사회학이나 인류학 책도 좀 살펴볼 것을. 그러나 다행히 결혼하고 아이를 기르며 관계에 관심이 생기기 시작했다. 특히, 나에 대해 부드럽고 깊은 관심을 가지게 되면서 일상의 변화를 감지했다.

그것은 두말할 필요도 없이, 새벽 독서의 힘이었다.

편집자의 노하우가 녹아 있는 『1만 페이지 독서력』(윤성화 저)이라는 책에 보면, 책을 많이 읽는 사람을 정말 두려워해야 하는 이유는 그 사람이 책을 통해서 얻어가는 지식이 아니라 그 자세 때문이라고 한다. 책을 읽는다는 행위 자체가 가장 기본적이고 효율적인 자기 계발 방법이라는 것이다. 그러나, 나의 경우, 1만 시간이나 1만 페이지보다 더 중요한 건 다른 데 있었다. 그건 바로 어떤 책을, 왜 읽느냐는 것이었다.

1. 무슨 책을 읽을 것인가.

하나. 현재 내 주변 상황과 감정 상태를 파악한다.

둘. 예전부터 마음에 품고 있었으나 미처 읽지 못했던 책 중 현재 상황과 결을 같이 하는 책을 고른다. (주로 고전인 경우가 많다.)

셋. 현재 내 상황과 가장 비슷한 경험을 겪고 있는 저자의 책 또는 내가 관심 가진 일을 먼저 해 본 저자의 책을 고른다.

독서 습관으로 성공한 사람들은 자기 자신을 누구보다 잘 파악하고 있다. 그 유명한 『미라클 모닝』에서도 할 엘로드는 '성공은 절대로 자기 계발 수준을 능가하지 못한다'라는 말을 몇 번이고 강조했다.

특히, 『나를 바꾸는 글쓰기 공작소』(이만교 저)에서는 독서 능력보다 더 중요한 것이 있다고 했다. 바로 '씨앗 도서'를 제대로 선정하는 일이다. 일단 '씨앗 도서'를 매일 같이 발굴하여 가슴 두근거리는 경험을 맛보게 되면, 주변에서 뜯어말려도 꾸준히 독서할 동력은 자연스럽게 얻게 된다는 것이다. 아울러 이 '씨앗 도서' 선정은 반드시 주체적이어야 함을 재차 강조한다. 다시 말해, 좋은 책이란 각자 자기 상황과 고민에 맞는 책이라는 거다.

사람들에게 인기가 많은 베스트셀러라고 해서, 또는 굉장한 다독가에게서 추천받은 책이라고 해서 나도 감동할 수 있는 건 아니었다. 오히려 때 지난 중고 서적에서 내가 놓친 삶의 소중한 의미를 뒤늦게 알았다. 새벽 독서는 구슬처럼 하나씩 꿰어 가는 느낌으로 일상에서 실천하고서야 그 빛을 발했다.

독서법에 대한 책은 흘러넘쳐도, 어떤 책을 당장 읽어야 할지는 철저히 독자 각자의 몫 아니겠는가.

잠을 설치며, 가족들이 내 시간을 모두 갉아먹고 있다는 생각, 내 인생까지 바람 빠진 풍선처럼 힘을 잃어 가는 건 아닌가 싶어 서글픈 때였다. 새벽에 일어나 '관계', '심리', '나'에 대한 키워드로 책을 검색하기 시작했고, 사 놓고 잃지 않았던 가족관계에 대한 에세이부터 심리학 서적, 가족학 서적, 정신과 전문의들이 상담 분석을 해놓은 책을 차근차근 읽어 나갔다. 그러다 보니, 결혼생활에서 부부 관계, 자녀와의 관계, 부모와의 관계에 대한 큰 그림이 생겼다. 그 큰 그림 속의 내 모습도 보이기 시작했다. 심각한 문제라 생각했던 것들이 '여러 가지 요인들로 인해 나타난 현상일 뿐'이라는 것을 인식하게 된 것이다.

자신에게 꼭 맞는 책을 고르는 연습을 해 보자. 지금 내 상황에 민감해지자. 워렌 버핏은 『천 달러를 버는 천 가지 방법』에서 '복리의 힘'을 깨우쳤다. 이사도라 덩컨은 『고대 그리스 로마 신화』에서 불멸의 영감을 얻었다.

당신과의 인연을 기다리는 책도 어딘가에 있을 것이다.

2. 어떻게 읽을 것인가.(30분)

하나. 읽을 책의 하루치 분량을 정한다. (보통 한 챕터 정도이다.)

둘. 책에 대해 생각하며 기록한다. (몰랐던 사실, 실천해 볼 만한 것들 위주로 적는다.)

셋. 발췌독과 반복 독서를 병행한다.

새벽 독서가 좋은 이유는, 앞서 기본 루틴에서 언급했듯이 간단한 명상과 스트레칭으로 뇌세포의 학습 준비운동이 끝난 상태라는 점이다.

따라서, 어떤 책이든 받아들일 준비가 되어 있는 내 몸 상태를 이해하고 적극적으로 독서를 하는 것이 중요하다. 예를 들면, 필기구나 메모지를 적극 활용하여 오감을 자극하는 것이다.

실제로 신경학자 로버트 윌슨의 연구에 의하면, 이렇게 정기적으로 독서하는 사람들의 뇌는 나이가 들수록 신경 퇴행성 질환에 걸릴 가능성이 적다고 한다. 이는 우리의 뇌가 독서를 통해 새로운 신경 연결을 만들어 인지력, 기억력까지 나아지게 하기 때문이다. 결국, 알츠하이머병이나 노인성 치매, 파킨슨병 등과 같은 질환 발병은 낮아질 수밖에 없다.

나의 경우, 책을 읽다가 지루하면 비슷한 계열의 다른 책으로 바꿔 읽었다. 같은 내용이라도 조금 더 가볍게 풀어 놓은 책을 먼저 읽다 보면, 내 수준에 맞게 필사할 부분이 생겼기 때문이다. 신기하게도 그렇게 잠시나마 일탈했다가 다시 본서로 돌아오면 술술 읽혔다.

좋은 책은 지루할 틈이 없다. 아는 만큼 보인다는 말이 있듯이, 원서가 어려우면 참고서적과 함께 가면 된다. 한 권당 한 챕터씩 읽으면, 대부분 일주일에 한 권은 읽는다. 이후, 관련 서적의 독서 속도는 2배가 되어 하루에 한 권 읽기도 가능하다. 한 번 읽고 나면, 두 번째부터는 표시한 부분만 보면 된다. *그저 반복해서 보고 따라 하기만 하면 된다.*

재미있게 책 읽는 과정을 즐기자. 부디 1만 페이지나 1만 권, 1만 시간이 아니어도 괜찮으니 '나만의 새벽 독서' 시간을 잘 가꾸어 보자.

3. 공간

하나. 읽고 싶은 책은 내 주변에 최대한 많이 둔다.

둘. 언제 어디서나 책을 읽을 수 있도록 한다.

셋. 관심 분야에 따라 주기적으로 책을 업데이트한다.

미국의 녹지서비스 개발 연구센터의 과학자 미셸 콘도는 "개인의 행동을 변화시키기는 어려우나 생활환경을 변화시 킴으로써 효율적으로 전체 인구의 건강을 증진시킬 수 있다" 고 말한 적이 있다.

도시 조경을 위한 연구개발자들의 말이지만, 매우 설득력 있는 말이다. 이상하게도 집에서는 절대 손이 가지 않는 책 이 천장 높고 푹신한 소파가 있는 도서관에 가면 술술 읽힐 때가 있다. 웬만해서는 수학, 과학 서적은 찾아서 읽기 힘든 데, 통유리창으로 푸른 숲이 내다보이는 전망 앞에 놓인 수학책이라면 읽게 된다. 놀라운 공간의 힘이 아니고 무엇이겠는가.

몇 년 전, 아이들 초등학교 입학과 더불어 이사를 마음먹었을 때였다. 가족들보다 더 신났던 건 바로 나였다. 그렇게 나 원하던, 창밖을 바라보며 책 읽을 수 있는 공간을 마련할 수 있었기 때문이었다. 이전 주인이 붙박이 장식장으로 쓰던 것을 내 책장으로 만들었다. 아이들을 위해 요리조리 변형할 수 있는 저렴한 소파를 주문했다. 소파 뒤의 책장에는 아이들이 좋아하는 책을 모아 꽂아 두었다.

제임스 클리어의 『아주 작은 습관의 힘』에 의하면, 환경 디자인은 우리가 자신을 통제할 수 있게 해 준다. 자기 삶의 설계자가 되도록 만들어 준다. 내 주변 환경에 좋은 습관을 불러일으키는 신호들을 눈에 잘 띄게 배치해 보자. 행위를 둘러싼 전체 맥락과 점차 관계를 잘 맺어 보자. 이 맥락이 습관의 첫 신호가 될 수 있다.

내가 읽을 생각도 하지 못한 책을 도서관에서 몰입해서 읽을 수 있었던 것은 새 환경의 맥락과 관계에서 찾을 수 있다. 집에서는 책장 구석에 진열되어 있었지만, 도서관에서는 무슨 책이든 읽을 수 있다는 맥락(실제로 도서관에서 발견한 씨앗 도서가 많다)이 있었다. 책 읽는 공간을 누린다는 관계가 있었다. 이사하면서 내가 원하는 생활 습관을 위해 집안 공간의 전체적인 맥락과 관계를 맺어 나갔다. 나의 거실도 점차 미니 도서관이 되어가는 중이다.

매일 아침 기본 루틴 이후, 거실 테이블 독서대에 비치된 책을 읽는다. 관련 필기구는 눈앞에 준비되어 있고, 매일 하루 독서 분량이 끝날 즈음, 일출을 마주한다.

앞서 말한 펄 벅에 대해 최근 새로운 사실을 알게 되었다. 그녀가 한국인을 주인공으로 소설을 쓸 만큼 한국과의 인연도 소중히 여겼다는 점과, '주한미군에 대한 세금이 아쉬워 일제 강점기가 그립다'는 케네디 대통령의 발언에 '그건 마치 미국이 영국 식민지를 그리워하는 것과 같다'고 대답했다는 에피소드이다.

중학교 시절의 그 '펄 벅'이 소리 없이 중년의 나와 이렇게 관계를 맺어 간다. 이 역시 꾸준한 새벽 독서의 묘미라고 믿는다.

힐링의 주역, 반신욕

"엄마, 이거 지금 같이해 주면 안 돼?"

"엄마 지금 너무 바쁜데, 이거 좀 마무리하고 이따 하면 안 될까?"

"치. 엄마 맨날 그렇게 말해놓고 까먹고 안 해 주잖아."

수시로 아이들한테 듣는 말이다. 쉬어도 되는 집에서 난 항상 '바쁘다'는 말을 입에 달고 살았다. 아이가 잠깐 뭘 물어도 손은 움직이면서 대답했다. 겨우 짬을 내어 쉬고 있을 때, 아이가 말을 걸어 올 때면 얄밉기까지 했다. 그저 쉬고 또 쉬고 싶었다.

BBC의 라디오 방송 '바쁨의 역설'에서는 현대인들이 바쁘다고 느끼는 감정에 대해 의문을 던진다. 내용을 정리하자면, BBC 기사에서는 스스로 가장 바쁘다고 말하는 사람들조차 실은 그렇게 바쁘지 않다고 꼬집었다. 물론, 남성과 여성의 유, 무급 노동 비율은 조금씩 바뀌었지만, 노동의 총량은 꽤 정확할 정도로 똑같았다는 사실이다. 최근 50년간 유럽과 북미 사람들의 통계이긴 하다. 그러나, 한국이라고 해서 크게 다를 것 같진 않다.

우리는 왜 늘 '바쁘다'고 생각할까. 기사에서는 단순한 경제학 원리에서 그 답을 찾았다. 경제 규모와 함께 사람들의 수입이 증가할수록 시간의 가치 자체도 커진다는 것이다. 따라서, 현대인들은 주어진 시간 안에 효율적으로 일해야 한다는 압박에서 벗어날 수 없게 되었다. 농경 위주의 시절에는 육체노동의 한계가 있었다. 자연의 섭리를 초월해서 일하고 싶어도 일할 수 없었다. 그러나 지금의 지식 노동 사회에서는 다르다. 도처에 스마트폰이나 노트북이 널려 있고, 어디서든 일할 수 있다. 계속해서 '무한 도전'에 나서는 것이다.

정작 중요한 것은, 이러한 바쁨이 '조급함'이라는 감정을 유발하면서 오히려 일의 효율을 그르친다는 역설이다. 경제학자 센딜 물레이나탄과 행동과학자 엘다 사피르에 의하면,

사람은 돈이나 시간, 의지력 등이 부족할 때 판단력이 흐려진다. 쫓기듯 일하다 보면, 일의 우선순위를 헷갈리게 되거나 무리한 도전에 집착하게 되면서 실패할 확률이 높아진다는 것이다. 이는 곧, 여가 생활에도 깊은 영향을 미치게 된다. 현대인들은 한두 시간 정도의 여가 시간조차 생산적이어야 한다는 강박을 가지면서 급기야 제대로 쉬지도 못하게 되었다.

마치 나를 두고 이야기하는 것 같았다. 이거, 내 얘기인가? 열심히 해도 해야 할 목록은 늘어나기만 할 뿐, 효율적으로 처리한답시고 어떤 게 진짜 효율인지 몰라 허둥대기만 하진 않았던가. 없던 두통, 어지럼증이 생겼다. 언제부턴가 쉽게 잠들지 못했다. 마음과 몸이 하나로 연결되어 있다는 말이 맞다면 둘 다 맞물려서 제대로 신호를 보내고 있는 게 확실했다.

『오늘, 내게 인생을 묻다』(강북삼성병원, 삼성스포츠단 공저)에 의하면, 몸과 마음이 따로 움직이면 문제가 생긴다고 한다. 쉽게 말해, 불편한 마음이 문제가 되어 몸에 이상이 온다는 것이다. 이를 정신신체증상이라고 하는데, 두통, 어깨 결림, 소화기 장애, 피부질환, 근육통 등이 해당한다. 놀라운 것은, 그 이유다. 우리는 뇌의 지시에 따라 사고하고, 감정을 느끼며, 인지한다. 몸이 아프다는 것은 뇌의 지시에 따른 것이므로 반드시 마음을 살펴야 한단다. 내 마음을 내가 모르고 있는 건 아닌지 반드시 점검해야만 나아질 수 있다는 이야기였다. 마음이 아니라는데 몸은 맞다고 고집부리다가 자칫하면 골병이 드는 이유를 알겠다. 내게도 뭔가 조치가 필요했다.

1. 반신욕 준비하기(10분)

하나. 욕조에 38~40℃ 정도의 물을 채운다.

둘. 입욕제를 넣거나 아로마 향을 피운다.

셋. 물 한 잔을 준비한다.

반신욕은 일주일에 두세 번이 좋다고 한다. 그러나, 내가 반신욕을 추천하는 이유는 몸과 마음이 따로 노는 것 같을 때, 잠시 마음을 살펴볼 여유 확보를 위한 것이다. 일주일에 한 번이어도 충분하다고 생각한다. 반신욕을 준비하는 과정에서 또 하나의 즐거움이 있다. 바로 입욕제나 아로마 향을 고르는 일이다. 내가 반신욕을 처음 하게 된 것은 일본 유학 시절로 거슬러 올라간다. 첫 홈스테이 가정에서였다. 한국과 달리 좁고 깊은 욕조와 아늑한 향기, 열기를 감싸기 위한 덮개와 온도 유지를 위한 센서까지 모두 '일본에 왔구나.'라는 강렬한 느낌이었다. 가끔 입욕제나 아로마 향을 고를 때면 그 시절을 떠올리며 웃는다. 먼 길을 돌아 이제야 내 몸과 마음을 살펴보려고 진짜 반신욕을 하게 되었지만 말이다. 욕조 옆에 물 한 잔을 두는 것도 잊지 말자. 반신욕 전후 수분 보충은 필수다.

2. 반신욕 하기(20분)

하나. 허리까지 반신욕 하되, 팔은 밖으로 나오게 한다. (10~15분)

둘. 잠시 눈을 감고 고요하게 있는다. (5분)

셋. 간단하게 미지근한 물로 마무리한다. (5분)

반신욕은 기본적으로 온몸의 체온을 상승시켜 혈액을 순환시킨다. 그래서 저녁에 하면 피로 해소, 노폐물 독소 배출에 도움 될 뿐만 아니라 잠도 잘 오게 하는 효과가 있다. 주로 반신욕을 저녁에 권유하는 이유이기도 하다. 그러나, 나의 경우, 저녁만큼이나 아침 반신욕도 잘 활용하면 하루를 개운하게 시작할 수 있었다. 아침이 저녁보다 더 고요했고, 하고 나면 온기가 서서히 식으면서 정신이 맑아져 집중력이 좋아지는 것을 느꼈다. 실제로 아침 반신욕 이후 일과를 마치고 집에 왔을 때, 저녁에도 쉽게 잠들었다. 아침 반신욕을 할 때마다 마음에 금 간 부분도 함께 챙기고 있는 거라고 믿는다. 조금 느리고 천천히 해도 되는 거라고 혼자 되뇐다. 그렇게 마음 온도까지 데워 놓으면 어지럼증이나 두통도 한결 나아졌다.

> "일생 동안 나는 심각한 사고를 두 번 당했다.
> 하나는 16살 때, 나를 부스러뜨린 전차이다.
> 두 번째 사고는 바로 디에고이다.
> 두 사고를 비교하면 디에고가 더 끔찍했다."

멕시코의 초현실주의 화가 프리다 칼로가 쓴 마지막 일기의 내용이다. 10대 때 전차의 부러진 철근이 허리를 관통하여 척추와 자궁까지 크게 다쳤다. 평생 끝없는 수술로 고통스럽게 살아야 했던 그녀. 그랬던 그녀가 남긴 마지막 일기에는 놀랍게도 전차 사고보다 디에고와의 상처가 더 끔찍했다고 고백했다. 온몸이 으스러져 받은 충격보다 사람 마음의 상처가 명백하게 치명적이었다는 뜻이리라.

디에고 비에라는 멕시코의 국민화가이자 민중 벽화의 거장이다. 프리다는 사고 이후, 당시 유부남이었던 디에고를 만나 결혼까지 감행했다. 두 사람의 공산주의에 대한 열정, 프리다의 치명적인 매력으로 잠시 디에고는 여자관계를 정리하는 듯했으나, 바람둥이 기질까지 정리하지는 못했다. 오죽하면 그녀의 여동생과도 불륜을 저질렀겠는가. 그녀의 사랑은 혁명처럼 극적이었기에 고통스러웠겠고, 간절했기에 견디기 힘들었을 것이다. 세 번의 유산 이후 몇 차례의 별거, 이혼, 재결합은 그녀의 삶이자 거부할 수 없는 운명이 되어버렸다. 이쯤 되면 마음에 금이 가는 정도가 아니라 산산조각 나는 수준이지 않았을까.

마음의 찌꺼기를 비우는 일이나, 금이 가려는 찰나를 우습게 보아 넘겨서는 안 된다. 어쩌면 그 순간이 바로 나 자신을 직면하고 성찰할 기회일지도 모르기 때문이다. 프리다 칼로는 사고와 더불어 쓰라린 마음의 상처까지 덧입었음에도 자신의 마음 상태를 외면하거나 회피하지 않았다. 절망하지 않았다. 오히려 그 고통마저 치열하게 예술로 승화시켰다.

'고통과 기쁨과 죽음은 존재를 위한 과정일 뿐'이라며 기꺼이 삶을 견뎌 낸 그녀. 그녀의 마지막 메시지가 긴 여운을 남긴다.

"비바 라비다(Viva la Vida)"

*'인생 만세'라는 뜻

놓칠 수 없는 근육, 요가

"항상 생각과 말과 행동이 완전한 조화를 이루도록 하라.
그러면 어떤 일에도 막힘이 없을 것이다."

인도 건국의 아버지 간디의 말이다. 간디는 평생 카르마 요가를 실천한 대표적인 인물이다. 카르마 요가가 뭐지? 놀랍게도 카르마 요가를 이해하기 위해서는 간디의 삶과 함께 기나긴 인류의 역사까지 되짚어 볼 필요가 있다.

『지적 대화를 위한 넓고 얕은 지식 0』(채사장 저)에 의하면, 인류에게 가장 광범위한 영향을 미치는 문서는 두 가지이다. 하나가 『구약』이고, 나머지 하나『베다』라고 한다. 인류의 4대 문명 중 하나인 인더스 문명. 그 사상 철학의 뿌리가 바로 『베다』인 것이다. (사실, 더 근원적으로 따지자면 인도 대륙 원주민들과 아리아인의 행적까지 언급되기도 한다.)

특히,『구약』이 서양에 큰 영향을 미쳤다면,『베다』는 동양에 큰 영향을 미쳤다. 그런데『베다』는 특정 계층만 읽을 수 있는 비밀스러운 문서였나보다. 범접하기 어려운 내용을 개개인이 깨달을 수 있도록 이해하기 쉽게 설명해 놓은 책이 바로『우파니샤드』이고, 이를 다시 저변으로 확대하여 민중들의 행동 지침서 역할을 한 것이『바가바드기타』라고 보면 될 듯하다. 다시 말해,『바가바드기타』는 민중들의 베스트셀러였던 셈이다.

하지만, 사실『바가바드기타』의 내용도 단박에 이해하기는 버겁다. 그도 그럴 것이, 난해한 원전을 핵심만 요약하다 보니 숨은 해석도 많을 수밖에 없고, 시대적 배경 자체가 우리에게 생소하다. 오랜 기간 정통 브라흐만 교와 정통 요가 철학 간의 갈등 과정을 이해해야 그나마 책장을 넘길 만한데, 대강 훑어보기만 해도 세계사의 절반이다. 만만하게 봐서는 곤란하다.

한국에서 출간된 서적 중『바가바드기타』(함석헌 주석)에 이런 내용이 있다. "인도 전통에 따르면, 모든『우파니샤드』는 암소들이며, 크리슈나는 소 치는 사람이다. 아르주나는 송아지요, 현자들은 이로움을 얻는 자들이며,『바가바드기타』는 감미로운 우유"라고.

크리슈나와 아르주나는 사람 이름이다.『우파니샤드』와『바가바드기타』의 이야기 줄기는 같다. 한 마디로 사촌끼리 왕권 다툼 전쟁을 하는데, 아르주나가 싸워야 하는 왕자고, 크리슈나는 스승이자 현자이다. 아르주나는 친인척을 죽이면서까지 전쟁해야 하는 괴로움을 호소하며 크리슈나에게 질문한다. 역할극인 듯, 혹은 문답법인 듯 상황을 설정하여 아르주나가 크리슈나에게 계속 질문하면서 깨달음을 얻는다는 내용이다.

깨달음의 내용은 대강 이러하다. 내 안의 진짜 내 모습 '아트만'을 알고, 진짜 세계인 '브라흐만'을 알면 '아트만이 곧 브라흐만'임을 깨닫게 된단다. 따라서, 진짜 자아를 깨달은 현자는 세상에 주어진 의무를 '결과에 집착하지 않고' 그저 행한다. 그러면 내면이 평화로워지고 자신 안에 있는 신에게 다가갈 것이라는 이야기.『베다』처럼 일상을 옭아매지 않고,『우파니샤드』처럼 탈속적이지 않다. 이것이 바로 민중 지도자 간디가『바가바드기타』를 평생 품은 이유다. 더군다나 간디가 평생 실천한 카르마(행위) 요가의 가장 큰 특징은 '결과에 대한 집착을 버려야 한다'는 것이었다.

내가 아르주나라면, 『바가바드기타』는 감미로운 우유가 될수 있다. 간디 역시 그랬을 것이다. 그는 평생 『바가바드기타』라는 우유를 마셨다. 카르마 요가를 실천하면서 비폭력저항운동을 이루어 냈다. 요가는 현실 감각을 잃지 않으면서도 진짜 내 안의 자아를 만나게 해 주는 실전용 수행 방법이었던 것이다.

특히, 『바가바드기타』에서 인상적이었던 것은 어떤 종교이든 다양한 수행 방법이 있으니 그 믿음대로 실천해서 진짜세계를 아는 것이 중요하다고 설파한 부분이었다. 게다가 굳이 종교적 방법이 아니어도 일상에서 행할 수 있는 수행법이요가란다. 어찌 보면 지금처럼 컴퓨터나 스마트폰이 없던 그시절에도 우리의 감각 기능들은 늘 무언가를 보고 탐내고, 집착하면서 심리적 허기를 채우려 했다는 뜻이기도 하다.

요가는 이런 산란한 마음을 고삐처럼 움켜쥐고 붙들어 매어 주는 브레이크 역할을 하는 게 아닐까. 감각에 현혹되어 진짜 내 모습을 잃어 가고 있다고 느낄 때면, 그저 가만히 앉아 심호흡하고 스트레칭하는 것만으로도 큰 위로가 된다. 진짜 내 모습을 찾아야 한다는 말은, 나의 내면과도 소통할 줄 알아야 몸과 마음을 건강하게 유지할 수 있다는 뜻이리라.

현대에 이르러 요가의 의미는 여러 면에서 『바가바드기타』와는 근본적으로 다르게 느껴진다. 결혼 전, 퇴근길에 헬스장 회원으로 등록한 적이 있다. 프로그램 중 하나인 요가를 하면서 마지막 동작에서 깜빡 잠이 들기도 했다. 핫 요가나 다이어트 요가 등등 자본주의 사회에 걸맞은 모습으로 너도 나도 한 번쯤 해 봤을 그 요가다. 확실히 간디의 요가와는 거리가 멀다.

그런데도, 현대인에게 요가는 의미가 있다. 하루하루 시간에 쫓기듯 지내는 게 우리의 일상이다. 21세기의 요가는 베다 경전의 깊은 뜻 따위 모를지언정 잠시나마 숨 돌릴 틈이 되어 준다. 내 몸을 느끼게 해 주고, 숨 고르기부터 바로 잡아 준다. 어떤 이들은 단 한 시간의 요가 수업만으로 흐느껴 울기도 하고, 고질병 같았던 통증이 사라지는 걸 겪기도 한다. 내 경험상, 명상과 요가만큼 몸과 마음이 잘 정돈되는 '행위'는 없었다.

전날 요가복을 잠옷 삼아 입고 자도 괜찮다. 굳이 요가복을 입고 자야 할 필요성을 못 느낀다면 평상복이어도 상관없다. 요가를 시작하면 온몸에서 혈액이 돌아 체온이 상승하는 구간이 온다. 바른 자세를 위해 잠깐 요가를 멈추고 옷을 갈아입어도 괜찮다. 한겨울인데도 땀이 나서 반소매로 갈아입은들 어떠랴. 마음 편히 시작하시라.

매트는 누워서 하는 동작에서 꼭 필요하다. 간혹 한쪽 다리로 집중력을 필요로 하는 동작은 매트 위에서 하는 것이 오히려 불편할 때가 있다. 그럴 때는 살짝 매트 밖으로 나와 집중도를 올려보자. 고정 동작에서는 호흡을 멈추지 않는 것이 중요하다. 이럴 때 가사 없는 음악은 큰 도움이 된다. 요가를 끝낸 후, 간단하게 미지근한 물을 마시며 마무리하는 것도 잊지 말자.

2. 전신 요가하기(25분)

하나. 앉은 자세로 목, 어깨, 허리 운동을 한다. (5분)

둘. 일어서서 척추 운동, 다리 근력 운동, 옆구리 스트레칭을 한다.
　　(10분)

셋. 누워서 전신 혈액 순환 운동을 한다. (5분)

넷. 마무리 스트레칭을 하고, 호흡한다. (5분)

　처음에는 이런저런 전문 강사들의 요가 추천 동작 영상을 따라 했다. 엄선된 동작들이어서 대부분 무리 없지만, 몇몇 동작들은 뒷날까지 통증이 이어졌다. 점진적으로 동작 조정을 해 가며 내 몸에 맞는 동작을 구성할 필요가 있었다. 나의 경우, 늘 목과 어깨를 풀어주는 동작은 꼭 들어가야 했다. 목과 어깨 근육이 자주 뭉치는 편이니, 척추를 반듯하게 하는 자세도 함께 해 주었다. 허리를 아래로 구부려 엄지발가락을 잡는 자세 하나도 50% 이상이 해내지 못한다는 기사도 있다. 별것 아닌 것처럼 보이지만, 유용한 자세는 있다.

　나는 전반적으로 혈액 순환이 잘 안 되는 체질이다. 이 때문에 다리 수술도 했고, 기본적으로 소화기 쪽도 좋지 않다. 그래서 반드시 하체 근력 운동을 하고 나면 다리를 들어 올리는 스트레칭을 했다. 퇴근길에 다시 근육이 뭉치는 일이 반복되지만, 뭉친 근육을 푸는 동작을 알고 있으니, 이제는 직장에서도 틈틈이 사무용 스트레칭을 한다. (생각해 보면 사무실에 있는 시간이 더 길기 때문에 이런 노력은 절실하다) 마무리 스트레칭과 심호흡을 하고 나면 끝이다.

　어느 정도 집에서 혼자 요가하다 보면, 빼먹지 않고 하게 되는 자세들이 생기기 마련이다. 예를 들면, 고양이 자세, 견자세, 물고기 자세, 바퀴 자세, 쟁기 자세 등이다. 수많은 요가 중에 이 몇 가지 동작만으로도 평소 내 몸가짐, 마음가짐을 살펴볼 수 있다는 게 신기하다. 동작에 대한 집착은 버리자. 무리하지 않고, 반복해서 꾸준히 하는 데에 의의를 두자. 사실, 그게 더 어려웠다. 앞서 말한 간디의 '생각과 말과 행동이 하나가 되면 모든 일이 막힘없다'는 말도 요가를 한 이후부터는 이해가 더 잘된다. 비틀스도 명상과 요가를 배우고

'Let It Be'를 작곡했다지. 스티브 잡스가 죽기 직전 남겨둔 아이패드 속 유일한 책 한 권도 『요가난다 자서전』이었다는 것은 유명하다.

요가의 기원은 오래되었지만, 우리의 일상에서 살아 숨 쉰 기간은 짧다. 무엇이든 실천해 봐야 알게 되는 것들이 있다. 내겐 요가가 그렇다. 당신에게도 의미 있는 요가였으면 한다.

"요가는 자아를 통하여, 자아를 향해 떠나는, 자아의 여정이다."

-『바가바드기타』中에서

6

주말이라면, 새벽 산책

"사람이 바늘이고, 길이 실이라면,

사람이 걷는 행위는 찢어진 상처를 꿰매는 바느질과 같다."

　미국의 저명한 저술가이자 역사가인 리베카 솔닛의 말이
다. 2000년에 출간된 『걷기의 인문학』을 보면 그녀가 말하는
산책은 그리 단순한 행위가 아니다. '사유를 위한 산책'의 기
원을 역사에서 찾아보고, 인간의 직립 보행에 대한 연구 공
방전도 정리해 본다. 소요(逍遙)학파였던 소피스트 이야기부
터 루소를 거쳐 현대철학과 민주주의를 이야기한다. 문학가
들의 걷기, 성지 순례 걷기와 사회적 걷기 운동을 통하여 개
인과 공동체에 관해 이야기한다. 장마다 그녀가 직접 걸어가
본 곳에 대한 발자취를 꼼꼼히 적었다. 가장 뜨끔했던 것은
'한국에서의 촛불집회가 인상 깊었으며, 우리 모두의 경험이

다' 라는 그녀의 서문이었다. 갑자기 그 당시 촛불집회 걷기 행렬이 떠올랐다. 걷기는, 결과보다 과정에 방점을 두는 가장 정직한 행동이 아닐까.

    루소나 칸트처럼 사유하기 위해 걸으려고 애쓴 적은 없다. 그러나 걷는 행위가 삶의 중요한 순간에 얼마나 큰 도움이 되는지를 알게 된 '그날'은 있다. 신입 시절, 직속 부장님과 관리자들이 생각하는 것과 담당자인 내가 생각하는 것이 달랐다. 아무리 현실 감각을 유지하며 사회생활을 한다 치더라도, 내 생각을 물리기가 쉬이 되지 않을 때였다. 무엇보다 스스로 납득할 수 없었다. 최대한 조율 지점을 맞춰 가다가 결정적인 선택의 순간이 왔다. 고민해야만 했다. 쉬이 결정을 내릴 수가 없어 지하철 6코스 정도를 걸어서 퇴근했다. 그리고 계속 '생각'했다. 내 생각의 무엇이 그렇게 간절한지, 그들의 무엇이 그렇게 중요한지, 내 생각과 그들의 생각 중간 어디쯤을 목표로 일을 진행해야 할지를.
    집에 도착하니, 마음이 개운해졌다. 충분히 고민한 끝에 일의 중심이 잡혔다. 스스로 납득할 수 있었다. 이후, 거쳐야만 하는 약간의 잡음이 있었지만, 결과는 놀라웠다. 나중에

들은 얘기지만, 행사가 끝나고서야 담당자가 누구인지 궁금해하는 사람들이 많았다고 한다.

그러나, 그때는 몰랐다. 그것이 '사유를 위한 산책'인지를. 그때 산책이 그리 중요한 줄 알았더라면 꾸준히 했을 것이다. 그러나 이후, 산책은 그저 산책이라고 여기며 스치듯 지나 보낸 시간이 얼마인가. 산전수전 다 겪고, 번아웃이 오고 나서야 집 밖을 나서봐야겠다는 생각이 들었다. 사유보다는 우울감을 떨쳐 버리기 위해서였다. 시급했던 만큼 효과는 만점이었다. 처음엔 주변 풍경도 들어오지 않았다. 오직 걸을 뿐이었다. 한 달 정도 지나고 나니, 공기 내음도 맡아 보고, 바람결도 느낄 만해졌다. 밝아 오는 햇살이 참 부드럽다는 걸 알았다.

미국 오스틴 텍사스대학 연구팀에 의하면 실제로 걷기가 우울증 완화에 도움이 된다고 했다. 산책하면, 뇌의 해마가 활성화되는 동시에 편도체가 약해지는데, 편도체가 바로 스트레스성 감정을 담당하는 부분이란다. 어디 그뿐인가. 미국 오레곤 보건과학대학 연구팀에서는 현대인들의 가장 큰 주요 사망 원인인 심장병 질환 예방으로 걷기가 위험률을 37%나 줄여준다고 했다. 체내 지방이 연소하면서 혈액 순환이 활발해지니 당연한 결과다.

앞서 내가 '사유를 위한 산책'을 하면서 중요한 결정을 내릴 수 있었던 것도 이유가 있었다. 『걷기의 세계』(셰인 오마라 저)에 의하면, 뇌의 기억력(일 고민)과 공간지각능력(퇴근길 산책)은 서로 연관된 기능이다. 산책하게 되면 뇌의 해마 부분이 이 두 기능을 동시에 활성화하여 아이디어 간 충돌을 유도하고, 새로운 방식으로 아이디어를 결합하게 한다고 한다. 쉽게 말해, 뇌의 '일 모드'와 '휴식 모드'가 동시에 작동해야 창의적인 생각이 나온다는 것이다. 왠지 '망원경'과 '현미경'을 동시에 들고 있는 느낌 아닌가.

내가 우울한 이유는 수만 가지라도 댈 수 있지만, 언제든지 그 우울감을 통제할 수 있다는 사실이 반가웠다. 게다가 그냥 걷기만 해도 창의적 아이디어가 샘솟는다니. '걷기 예찬'이라 할 만하다.

1. 준비하기(5분)

하나. 편안한 복장(운동복, 운동화)

둘. 휴대폰(사진, 메모 기재)

셋. 생수 1병

우울감을 극복하기 위해 산책길을 나섰지만, 해 보면 안다. 우울감은커녕 산책하면 할수록 아이디어가 샘솟는다는 것을. 철학자 키르케고르는 산책 직후, 단 한 번의 수정 없이 일필휘지로 초고를 완성하기도 하고, 철학자 홉스는 순간의 아이디어를 놓치는 게 아까워 잉크병을 허리춤에 달고 걸었다고도 한다. 아스팔트 길을 애써 산책로로 정하는 게 아니라면 그 어떤 풍경이라도 영감이 된다는 뜻 아닐까 싶다.

매일 색다른 자연 풍경을 접하면서 느끼는 감정도 찰나이다. 간직하고 싶다면 휴대폰 카메라 기능만 소박하게 활용해 보자. 우연히 그 사진에서 나의 마음 상태나 날씨의 기운까지 되살릴 수 있다. 훗날, 사진을 다시 꺼내 보는 행위 자체가 기분이 상쾌해지는 신호가 되기도 한다.

산책 고수들을 보면, 복장이 매우 소탈한 게 특징이다. 우리 동네 생태 공원에는 제법 이른 주말 아침인데도 다양한 모습으로 산책하는 이들이 많다. 예를 들면, 갈대들이 무성한 곳에서 목소리를 다듬으며 가곡을 부르는 분(이분은 맨발로

흙을 밟으시며 늘 목을 푸시는 것 같다), 낙동강이 코앞으로 흐르는 데크 위에서 트럼펫 연습을 하시는 분(이분은 간헐적으로 오셔서 악기연주를 하시는 데 생태 공원 분위기와 묘하게 어울리는 선율이다), 숲길에서 직접 만드신 나뭇가지 지팡이를 들고 한 걸음 한 걸음 서로를 챙겨가며 참새나 식물을 친구 대하듯 하시는 노부부 등이 그렇다. 다들 본격적인 등산복 차림도 아니고, 그렇게 빠르게 걷지도 않는다. 점퍼 한쪽에 휴대폰, 나머지 한쪽에 조그만 생수 한 병만 준비하면 완벽하다.

2. 주말 아침 산책(25분)

하나. 천천히, 느리게 걷는다.

둘. 마음에 드는 풍경에서 잠시 멈춰 선다.

셋. 휴대폰 카메라로 좋은 풍경을 찍는다.

넷. 생각나는 아이디어가 있으면 녹음한다.

　　(현재의 감정 상태를 함께 말해 본다.)

내 휴대폰 음성 녹음 파일은 산책하면서 녹음한 것들이 많다. 안부가 궁금한 지인들에게 연락할 때는 그냥 문자가 아니라 산책길에 찍어 둔 사진이나 동영상을 활용한다. 엽서처럼 정성껏 꾸며 보내는 것이다. 부부 싸움을 심하게 했을 때는 또 한 번 성장하기 위해 우회하는 과정이라며, 좀 더 세련된 갈등 해결 방법을 녹음한다. (그중 하나로 애매한 언쟁이 생겼을 땐 함께 산책하며 심도 있게 논의하기도 한다. 더 큰 싸움을 미연에 방지하는 효과가 분명히 있다!)

그래도 놀라운 건, 돌아오는 주말이면 어김없이 새로운 고민이 차오른다는 것. 당황하지 말고 조용히 산책길에 나서 보자. 되도록 천천히, 느리게 걷기를 권한다. 그윽한 시선으로 서리 내린 잎사귀도 만져 보고, 도망가지 않는 참새 옆에 쪼그리고 앉아 보라. 공원이라는 공간 자체가 나의 '현재'가 될 때까지.

주말 오전 8시 30분에서 9시 사이(평일은 안 가봐서 모른다.)면 꼭 강기슭 언저리에서 만나는 왜가리 한 마리가 있다. 반가운 마음에 "안녕"하고 말한 것이 시작이었다. 그 녀석한테 정이 들어서 최근에는 『새들에 관한 짧은 철학』(필리프 J. 뒤부아, 엘리즈 루소 공저)이라는 조류학자의 관찰기까지 읽게 되었다. 철새들은 온몸으로 GPS를 장착한 거나 다름없으며, 인간에게도 한때는 그러한 능력이 있었으나 이제는 그 감각을 잃어버렸다는 대목에서 왠지 모를 서글픔이 느껴졌다.

리베카 솔닛의 말이 맞다. 사람이 길을 걷는다는 건 찢어진 상처를 꿰매는 일과 같은 거다. 이지러진 감정과 탁한 영혼은 죄가 없다. 현대인이라면 누구든지 그럴 수밖에 없는 환경에 처해 왔기에 미처 눈치채지 못했을 뿐이다.

이제부터라도 조금씩 산책해 보자. 저마다의 상처가 잘 아물어 옅어질 수 있도록. 우리 모두 걷는 순간만큼은 철학자가 되어도 된다.

"젊은 시절 나의 휴가는 걷기였다. 하루에 25마일(40키로 정도 되며,
걸으면 6시간 정도 걸린다고 한다.)을 걷고 저녁이 되면,
단순히 앉아서 느끼는 즐거움으로 인해 무료함을 달래 줄
그 어떤 것도 필요 없었다."
-버트런트 러셀(영국 철학자)

『생태공원의 여름』

『생태공원의 겨울』

『생태공원의 아침』

『생태공원의 노을』

　　잠시만요, 엄마도 공부 좀 하겠습니다

7

그냥 좋아서, 외국어 공부

"만약 당신이 상대가 '알고 있는' 언어로 이야기한다면,

당신의 말은 그의 머리까지 가닿을 것이다.

만약 당신이 상대의 '모국어'로 이야기한다면,

당신의 말은 그의 가슴에 가닿을 것이다."

남아프리카 공화국 최초의 흑인 대통령이자 세계적인 인권 운동가였던 넬슨 만델라의 말이다. 머리와 가슴의 차이는 무엇일까. 흔히들 외국어를 배우면 배운 외국어의 개수만큼 자아도 늘어난다고 한다. 내가 한국말로 마음 편히 수다 떨 때를 생각해 보자. 챙겨야 할 것 많은 엄마로서의 일상과 아내와 딸, 며느리, 직장인으로서 털고 싶은 이야기들이 얼마나 많은가. 그런데 이걸 영어로 똑같이 말할라치면, 갑자기 한국어로 수다 떨 때와 사뭇 다른 온도임을 느끼게 된다. 우

선, 적절한 영어 표현조차 떠올리지 못하면서도 무슨 자신감인지 살짝 목소리 톤이 높아진다. 심지어 그 많은 에피소드가 한두 줄로 시원하게 요약되는 웃지 못 할 일까지 벌어지고 만다. 물론, 영어가 한국어 못지않게 유창하지 못한 점도 있겠지만, 영미권의 언어가 상대의 반응을 살피기에 앞서 자기 생각을 분명히 전달하는 언어라는 이미지가 강해서인 듯하다. 그렇다면 전공인 일본어는 좀 나을까. 영어보다야 낫겠지만, 단언컨대 한국말처럼 격렬하게 말하지는 못할 것이다. 왜냐하면, 일본어 자체가 조곤조곤하고 내성적인 언어여서 우회적인 표현을 쓸 수밖에 없기 때문이다.

그렇다면 내가 하는 외국어는 어느 쪽이 가까울까. 상대방의 머리일까 마음일까. 무엇보다 외국어 학습의 주목적인 의사소통만 잘하면 되지 넬슨 만델라는 왜 '마음'까지 가닿아야 한다는 말을 강조했을까. 챗GPT로 웬만한 통역과 번역이 일상화된 시대이다. 어지간한 인내심 없이는 정복하기 어려운 외국어 학습을 이런 시대에 굳이 고수해야 할 필요가 있을까 하는 의문마저 든다.

『휴먼카인드』(뤼트허르 브레흐만 저)를 보면, 비폭력 캠페인에서 필수적인 요소는 자제이며, 넬슨 만델라는 27년간 감옥에서 냉정을 유지했다고 한다. 그는 적을 연구하기 위해 남아공 태생 백인들의 역사와 문화 관련 서적을 읽었고, 럭비(당시 남아공 럭비는 스포츠 그 이상의 것으로 백인들만 할 수 있었고, 이는 흑인과의 인종차별 상징이었다)를 시청했으며, 그들의 언어를 배웠다. 역사학자들은 만델라가 빌욘 가문(남아공 백인) 투쟁의 역사를 깊이 이해하고, 계속 그들의 모국어로 말하여 콘스탄드 장군(당시 남아공 백인을 대표하여 존경받던 빌욘 가문의 장군)에게 깊은 감명을 주었다고 서술한다.

다시 말해, 넬슨 만델라가 말하는 가슴에 가닿은 언어란, 다른 듯 보이는 상대의 역사와 문화를 깊이 이해함으로써(그 영혼이 깃들어 있는 결정체가 바로 상대의 모국어이다) 훨씬 더 유연한 결과를 얻었다는 데에 있을 것이다.

외국어 공부를 조금이라도 해 본 사람은 안다. 얼마나 많은 인내심이 필요한 일인가를. 헤아릴 수 없이 많은 효율적인 외국어 학습 교재가 난무하지만, 거기서 내게 꼭 맞는 교재란 애초에 없다. 외국어 학습을 꾸준히 할 수 있는 비결은 의외로 자신의 모국어를 제대로 아는 일에서 출발하며, 끊임없이 자신에게 맞는 스타일을 다져갈 줄 알아야만 늘기 때문이다. 마치 악기를 조율하듯 섬세하게 수준을 높여 가면서도 배움 자체에 묘미를 느낄 줄 알아야 하는데 그게 말처럼 쉽지 않다는 게 문제다.

10대 후반부터 외국어를 배우기 시작해 평생 외국어 학습을 해 온 로버트 파우저의 『외국어 학습담』에 의하면, 자신이 공부하는 외국어를 '왜' 선택했는지 그 이유를 깊이 살펴보라고 한다. 게다가, 그 선택을 하기까지 사회적 배경, 즉 그 언어가 자신에게 오기까지의 사연을 안다면 외국어 학습 과정이 훨씬 더 입체적으로 느껴질 테니 그와 관련한 포트폴리오를 만들어 볼 것을 권한다. 일명 '외국어 성찰'이 가능한 '언어 포트폴리오'다. 참으로 일리 있는 조언이다.

생각해 보면, 내게도 다양한 이유가 있었다. 영어를 잘하고 싶었지만, 딱히 매력 있게 느낄 만한 콘텐츠가 없었고 학창 시절 겪은 영어 공부는 흥미롭다기보다 부담스러운 것이었다. 어쩌다 보니, 유치하긴 해도 일본 애니메이션이 마음에 위안이 되었고, 최근에는 중국 드라마를 보면서 어린 시절 즐겨 보던 홍콩 영화까지 기억 소환하며 즐기는 중이다. 나의 외국어 성찰은 드문드문 반짝거렸다가 다시 사그라들기를 반복하는 어느 이름 없는 별처럼, 딱 그만큼의 에너지로 여기까지 온 것이다.

넬슨 만델라처럼 혐오와 차별을 뛰어넘겠다는 자유로의 원대한 목표를 품고 외국어를 익히기는 쉽지 않다. 그러나, 인공지능 발달로 인해 외국어 학습의 필요성 유무에 대해 말 많은 지금, 베테랑 외국어 학습자들이나 동시 통역자들의 의견은 일관된다. 아직은 인간만이 인공지능이 파악하지 못하는 섬세한 감정과 문화를 통, 번역할 수 있다는 것이다. 『베테랑의 공부』(임종령 저)에 의하면, 전 세계에서 통, 번역에 가장 많은 예산을 쓰는 EU에서도 예산을 줄이기 위해 각고의 노력을 하고 있단다. 그러나, 예민하고 정확한 번역이 필요한 국제회의 내용상, 인간 번역사의 도움 없이는 매끄럽게 진행하기 어려운 듯하다. 사소한 한 끗 차이일지라도 인류의 평화와 긴밀하게 연결되는 일이기에 인간의 역량이 오히려 주목받게 되었다고나 할까.

외국어를 구사하면서 상대와 진심 어린 소통을 하고 싶다면 번역기를 내려놓자. 더듬거리더라도 그들의 말로 내뱉어 보자. 그 어설픔이 오히려 그들의 '환대'를 살 확률이 높다고 믿는다.

> **1. 목표 정하기**
>
> 하나. 내가 외국어를 하는 목적 분명히 하기
>
> 둘. 목표를 이루기까지 걸리는 기간 설정하기
>
> 셋. 목표 콘텐츠 정하기

어떤 외국어가 나에게 어떤 의미로 필요한지에 대해서 분명히 해 두자. 무조건 잘하고 싶고, 수준을 높이겠다는 조바심이 앞선다면 그 마음부터 헤아리고 시작해야 한다. 나는 영어로 학위를 따거나 유학 갈 생각은 없다. 그저 내가 읽고 있는 책 중 대부분이 영미권 책들이고, 원어로 읽었을 때 와닿는 느낌이 궁금해서 읽는 것뿐이다. 실제로 읽는 데 집중하니, 생각지도 못한 표현을 접하면서 영어 공부가 신선하게 느껴졌다. 찬찬히 익히는 마음이다.

일본어는 솔직히 읽는 것보다 말하고 듣는 게 훨씬 편하다. 유학 생활을 해 본 탓인지 회화에 강하기 때문인데, 주로 가볍게 읽을 수 있는 책들 위주로 선정해서 즐기는 편이다. 감각 유지만 하자는 마음이다.

중국어는 듣고 이해할 수만 있어도 스스로 기특하다 여기는 수준이라 내 마음이 가장 너그럽다. 이제 막 말을 배우는 유치원생처럼 가볍게 즐기자는 마음이다.('자격증'이라는 목표가 생기면 다시 돌변하겠지만.)

세 개의 언어에 대한 목표가 분명하니, 각각 내게 다가오는 콘텐츠도 다르다. 영어는 자기 계발서나 소설이, 일본어는 최신 베스트셀러가, 중국어는 동화책 혹은 여행회화책으로 집결된다.

물론, 3권의 원서를 동시에 읽을 수는 없기에 1년에 언어별로 원서를 두세 권만 읽는 것으로도 만족한다. 그렇게 느슨하게 정해두고 시작하면 의외로 몰입이 되어 더 읽게 되는 책이 많았다. 나의 경우, 영어 원서(자기 계발서)는 3개월 정도면 조바심 내지 않고 편안하게 한 권 읽을 수 있었다. 일본어의 경우 간단한 수필이라면 1개월이라면 충분했고, 중국어는 15분 이내의 간단한 만화 표현 동영상만으로도 만족했다.

만약 내가 세 개의 언어를 모두 완벽하게 해내겠다는 마음이었다면 진작에 지쳐 떨어져 나갔을 거다. 매 순간 목적에 맞게, 즐거운 마음으로 향유하기까지 절대 쉽지 않았다. 세 마리의 애완견에게 조금씩 애정을 나눠주는 일이라 여겨 보자. 생각보다 머릿속이 지끈거리지 않고 말랑거림을 느낄 수 있을 것이다.

2. 외국어 공부하기(30분)

하나. 30분 동안 익힐 분량 정하기

둘. 일주일간 실천 후, 성찰 일지 작성하기

셋. 성찰 일지에 따라 변경 후, 재 실천하기

원서를 읽을 경우, 일본어는 기본적으로 챕터 하나가 기준이다. 영어는 30쪽 내외의 꼭지 글로 나눌 수 있는 분량이면 된다. 중국어는 기초 단어 한 장 정도면 충분하다. 그 이상은 해도 되고 안 해도 그만이다. 어떤 언어든 먼저 손에 들어온 콘텐츠부터 시작한다. 모두 30분 정도면 적당한 분량이었다.

한 가지의 행동을 일주일간 쭈욱 해 본다. 주말쯤 되면 생각보다 진도가 안 나가는 책도 있고, 예상보다 진도가 더 나가는 책도 만난다. 그러면 진도표를 재조정하고, 전체 목표 달성 기간에 차질이 없도록 한다. 경험상, 성찰 일지를 쓰면서 원서를 더 잘 이해하기 위해 추가로 읽어야 할 책이 생긴다는 걸 알았다. 예를 들어, 영어 원서를 읽으면서 품사별 표현집이나 writing 기법 관련 책을 읽는다던가, 일본어책을 읽으면서 같은 분야 한국의 베스트셀러를 검색하는 것 등이다. (참고로, 일본 서적 중에는 한국보다 경제, 기술 관련 서적을 쉽게 설명해 놓은 책이 많고, 실용서의 범위도 넓다. 게다가, 수준 높은 만화책을 포함하여 고전을 쉽게 재해석해 놓은 책도 많은 편이다.)

『슬픈 외국어』(무라카미 하루키 저)를 보면, 하루키가 영어, 불어, 독어, 그리스어, 터키어, 스페인어까지 배우려고 유럽과 미국을 전전하며 터득한 지혜가 돋보인다.

"외국어를 술술 할 수 있고, 커뮤니케이션이 가능하다고 해서, 개인과 개인의 마음이 쉽게 통하는 건 아니라고 생각한다. (중략) 악기의 연주에 비유하자면, 도중에 잘못 치거나 연주를 그만두더라도, 심금을 울리는 연주는 있을 수 있는 법이다."라며, 본인이 생각하는 비결을 공개했다. 그것은 바로 본인 스스로 무슨 말을 하고 싶은지 정확히 알고, 되도록 자신이 알고 있는 쉬운 말로 짧게 하되 중요한 부분은 다른 표현으로 천천히 바꿔 말하는 것이라 한다.

어렵게 생각하지 말고, 내가 하고 싶은 말을 '상대방의 모국어'로 쉽고 분명하게 표현해 보는 거라 여기자. 당신이 외국어로 어떤 말을 하고 쓰든 간에, 두려운 마음이 앞서기보다는 친근한 마음이 먼저 들기를 바란다.

"If you talk to a man in a language he understands,

that goes to his head."

(만약 당신이 상대가 '알고 있는' 언어로 이야기한다면,

당신의 말은 그의 머리까지 가닿을 것이다.)

"If you talk to him in his language, that goes to his heart."

(만약 당신이 상대의 '모국어'로 이야기한다면,

당신의 말은 그의 가슴에 가닿을 것이다.)

-넬슨 만델라

8

의미 있는 고통, 글쓰기

"엄마, 이 세상에 공부는 누가 만든 거야?"

"엄마, 일기 쓰기 숙제는 너무 귀찮아. 이건 누가 만든 건지 알아?"

초등학교에 다니는 두 아이가 겨울 방학 동안 밀린 숙제를 하며 내게 투덜거린다. 그러게. 누가 이런 숙제를 만들고, 이런 공부는 또 언제부터 생긴 것일까. 분명 모든 사람이 태어날 때부터 공부하고 일기 쓰지는 않았을 텐데 말이야.

문득, 아이들 질문에 쉽게 대답하지 못하는 나를 보았다. 그리고 아이들이 말하는 '공부하기 싫다, 귀찮다'라고 말하는 대부분은 '생각하면서 쓰기'와 깊게 연관되어 있었다. 수학 숙제도 단순 연산이 아닌 자기 생각을 글로 쓰면서 푸는 문제가 힘들다고 했고, 영어 문제도 자신의 상황을 영어로 써서 표현하는 걸 힘들어했다. 초등학생 방학 숙제의 진수, 일기 쓰기는 나 역시 버거워했던 기억이 뚜렷하다. 언제부터 글쓰기는 시작되었고, 이 힘든 과정을 알면서도 인류는 왜 적극 권장하고 있는 걸까.

강준만의 『글쓰기가 뭐라고』에 의하면, 영국은 산업혁명 초기, 대중들에게 '읽기 교육은 해도 쓰기 교육은 하지 않겠다'고 결정했다. 이른바, 글을 제대로 '쓸 수 있게' 되면 생각이 깊어지며, 사회에 문제의식을 느끼게 되어 기득권의 저항 세력이 되기 쉽다는 이유에서이다. 예부터 배우려는 사람은 신분이나 지위를 막론하고 두려움의 대상이었나보다. 같은 이유로 프랑스를 비롯한 유럽 국가들은 19세기 초반까지 문해력이 절반을 넘지 못했다고 한다. 그렇다. 그 시절은 배우고 싶어도 '아무나' 배울 수 없었던, 심지어 일부러 '안 가르쳐' 주려 했던 시대였던 거다.

농부가 농사짓고 농작물을 재배하면서 가족 중심의 노동력으로 지내던 시대는 산업 혁명과 함께 급속도로 무너지기 시작했다. 초기 산업 혁명에서 공장 노동은 남성들에게 그다지 인기가 없어서(너무 고되고 비위생적인 데다 임금수준도 낮았기 때문이다) 여성들이나 어린아이들이 그 자리를 대신했다. 이마저도 여의찮았던 아이들은 갱도나 굴뚝 청소 등의 고된 일로 평생 중노동에 시달리거나, 길거리 노숙자로 무리 지어 다녔다. 전쟁고아가 넘치던 시절, 영국 런던의 비참한 뒷골목을 배경으로 한 소설 『올리버 트위스트』(찰스 디킨스 저)가 괜히 세상 밖으로 나온 것이 아니었다.

역사는 되풀이된다는 말이 때로는 가슴 아프다. 훗날, '한강의 기적'도 마찬가지였고, 여전히 어린 애들 노동 착취가 심각한 나라가 있으니 말이다. 결국, 사태의 심각성을 깨달은 학자들이 나타났다. 대중들을 현대판 노예로 생각하는 자들과의 치열한 대립 끝에 '의무교육'이라는 것을 실시했다. 19세기 후반의 일이다. 한 세기 넘게 걸려 마련한 대안으로 지금은 『글쓰기 수업』 등과 같은 콘텐츠로 모습을 바꾸었을 뿐, 우리는 여전히 좋은 교육을 받고 싶고, 그 방법을 알고 싶어한다. 제대로 알고 '쓰기' 시작하면 그것만큼 놀라운 효과를 보는 일도 없기 때문이다.

『하버드의 생각수업』(후쿠하라 마사히로 저)에서 저자는 주입식

암기 교육만 받았다고 고백한다. 하버드의 토론과 옥스퍼드의 압박 면접, 프랑스 바칼로레아(프랑스 수능)를 모두 겪은 그의 말은 하나다. 세계 명문대는 입학 전부터 '내 생각'을 가장 많이 묻고 답하게 한다는 것이다. 다시 말해, '생각하는 법'을 시험한다. 질문 하나를 하면, 당신의 생각은 무엇이며, 왜 그렇게 생각하느냐에 대한 이야기를 끊임없이 한다고. 그 과정에서 얼마나 그 생각이 단단하고 분명한지, 어떤 허와 실이 있는지 깨달아가며, 스스로 모든 일과 인생을 장악할 수 있도록 돕는다. 자연스럽게 철학적 사유를 하게 되고, 다량의 독서를 하게 되며, 자신만의 생각을 수도 없이 담금질하게 된다. 나와 세계가 보이면서 자신이 인류를 위해 무엇을 해야 할지도 깨우치게 된다. 이렇게까지 하는데 어떻게 글로벌 인재가 안 되고 배기겠나 싶다. 이들 수업의 주교재는 철학서였고, 엄청난 양의 독서가 보충 교재였으며, 습관처럼 이루어진 토론과 논쟁, 논술이 주된 수업 내용이었다.

내 생각을 키우려면 먼저 내가 무슨 생각을 하고 있는지부터 알아야 한다. 그러려면 내가 세상을 어떤 식으로 인식하고 있는지부터 짚고 넘어가야 했다. 하버드생처럼 거창하게 자유와 평등, 국가, 예술과 과학 등을 운운하기 이전에, 오늘 지금 내 안에 피어오른 불만은 내가 가진 무엇 때문인지부터 알아내야 했다. 그래서 '쓰기' 시작했다.

예를 들어, 최근 있었던 인간관계에서 도저히 이해되지 않는 불쾌한 일이 있었다고 치자. 인간관계나 심리학 관련 서적을 읽고, 주요 부분은 메모해 가며, 내 생각의 파편을 기록해 둔다. 그 책이 신간이라면, 서점 사이트에 서평으로 글을 남겨도 된다. 2차 가공을 해서 내 블로그에 최근 내 경험을 녹여 에세이처럼 써 두기도 한다. 노트북이 없을 때는 휴대하던 노트에 써 내려간다. 이런 경험이 한두 번 쌓이다 보면 그 불쾌했던 문제가 입체적으로 자연스럽게 분석이 되기도 하고, 이후 비슷한 상황에 놓이게 되면 내 마음 안에 쿠션 하나가 들어차 있어서 첫 경험처럼 따갑게 다가오지는 않는다. 운이 좋으년 그렇게 눈곱만큼 나아진 나를 느끼는 '순간' 을 의식하게 되고, 더 나아가 철학서나 역사서에 손이 가기 도 한다.

하나의 주제라도 막무가내로 쓰다 보면 25분이 무슨 의미 가 있나 싶었다. 주제가 있다면 맛있는 글을 쓰기 위한 전략 도 필요한 법. 일상에서 조금씩 수집해 놓은 영감 덩어리들, 메모지, 관련 도서의 필사 노트, 관련 기사의 통계 등을 잘 조립해서 조심스럽게 쓰기 시작했다. 시간은 부족해도 25분 은 제 역할을 톡톡히 했다. 차곡차곡 정돈된 글의 모양새를 잡아 가며 완성하고 나니, 일기와는 다른 성취감이 느껴졌 다. 좀 까다로운 과정이지만, 내가 그 주제에 대해서 인식하 고 있는 것들이 아주 잘 보였다. 도서관 행사나 생활글 모집 에 응모를 하면 간간이 당선 문자나 전화도 왔다. 명백한 '소확행'이었다.

『끝까지 쓰는 용기』(정여울 저)에 의하면, 글감이 확실히 떠오르지 않을 때는 일단 '책'을 등불 삼아 시작해 보라고 한다. 한 달에 한 번 독서 모임에서 읽은 책부터 시작하든, 스스로 규칙을 정하든, 속독하지 말고 최대한 천천히 읽어 보라는 것이다. (참고로, 나는 '아레테 인문 아카데미'에서 매달 한 권씩 필사하고 있으며, 직장에서 소규모 북클럽 리더로 활동 중이다.) 책 한 장에 대해 1일 1페이지로 리뷰를 쓸 정도로 치밀한 감성 훈련을 해 온 작가의 진심 어린 조언이 아닐 수 없다.

이미 짐작했겠지만, 이렇게 글 쓰는 과정이 까다로운 만큼 두뇌는 활성화될 수밖에 없다. 많은 걸 잊지 않기 위해 노트와 메모를 해야 하고, 필요한 순간에 기억을 되살려야 한다. 잘 표현하기 위해 수없이 읽고, 써야 한다. 고쳐야 한다. 같은 듯 다른 반복이어서 끈기와 체력도 빼놓을 수 없다. 이제야 감이 온다. 나의 아이들이 글쓰기를 귀찮아하는 이유, 생각하기 싫어하는 이유, 공부를 누가 만들었냐며 한탄하는 이유를.

"애들아. 공장에서 오랫동안 중노동 하는 것보다는 낫잖니. 마르크스의 『공산당 선언』이 오죽하면 전 세계에서 베스트셀러였겠니. 문제의 심각성을 깨닫고 사회복지제도나 의무 교육제도가 생긴 것이니 이런 역사적 배경을 이해하렴." 하고 말할 수는 없다. 전형적인 꼰대 말투에, 라떼 이야기와 뭐가 다르겠는가. 아이들의 눈높이에서는 거의 폭언이다. 혼자 피식 웃으며, 다른 날, 숙제하는 아이들에게 말했다.

"얘들아, 쓰는 문제 귀찮고, 일기 쓰기도 힘들지? 엄마도 학교 다닐 때 그랬어. 아니, 솔직히 말하면 너희들이 엄마보다 더 어려운 걸 하는 것 같기도 해. 그런데 말이야. 쓰고 나면 마음이 조금 후련해지지 않아? 쓰는 동안 좋았던 일 떠올리면 다시 그 기분이 되니깐 좋잖아. 안 좋은 일 있어도 쓰고 나면 괜찮아지는 마법이 숨어 있어. 엄마도 그래. 엄마도 글쓰기 시작한 이후부터 너희들에게 화 안 내고, 상냥해지잖아. 그런 거 같아. 글쓰기는 그래서 계속하라고 있는 건가 봐. 공부? 그거 많은 사람들이 생각해 놓은 거 구경하는 거라고 생각해. 구경하다가 마음에 들면 마음껏 써도 돼. 신기한 게 생각보다 많아. 엄마는 그렇더라."

가만히 나를 보던 둘째가 말했다.

"응. 맞아. 그래도 여기 그림 그리는 데가 있어서 여행 갔던 거 생각하면서 그리고 쓰면 재밌기도 해. 아, 다시 여행 전날로 돌아가고 싶다."

둘째 말에 말없이 고개를 끄덕이던 첫째가 말했다.

"사실, 엄마가… 글 쓰고, 책 읽기 시작한 이후부터 우리한테 화를 좀 안 내긴 했지. 그래도 우리가 스트레스받는 건 공부가 60%가 넘어."

(분명히 60%라고 했다. 어디서 나온 수치인지는 일급비밀이다.)

빵빵 터지는 나의 웃음소리에 아이들도 깔깔거린다. 그렇게 하기 싫다더니, 벌써 일기장에 꼭꼭 써 둔 글자의 연필심이 번져서 노트가 꾸덕꾸덕해졌다. 이 정도면 '글쓰기의 위력', 공인할 만하다. 나도 쓰고, 아이들도 쓴다. 계속 쓰다 보면 알게 되는 것들이 있다. 당신도 함께 써 볼 생각은 없는가.

9

나만 이런 게 아니었어, 드라마 정주행

"이번 드라마는 어떤 내용이에요?"

신랑이 묻는다. 드라마를 좋아하지 않던 내가 최근 중국 드라마를 챙겨 보면서 열렬하게 공부하던 모습을 지켜본 사람이다. 어설픈 독학이었으나 자격증까지 따내는 걸 보고는 신기했던 모양이다. 드라마를 보지 않은 그에게 그제야 주섬주섬 드라마 내용을 말해 보기 시작했다. 이번 드라마는 이러한 주제를 다룬 내용이다, 지금은 이런 장면이 나오고 있다, 어느 화에서는 이런 장면이 있었는데 생각이 많아지더라, 이런 상황에 이런 전개를 당신은 어떻게 생각하느냐 등등.

참으로 의외인 것이, 드라마를 보지 않은 그의 분석력도 꽤 일리가 있더라는 거였다. 드라마를 본 나와, 보지 않은 그와의 '의미 있는' 대화가 시작된 셈인데, 대화가 깊어지다 보면 삶에 대한 가치관과 사후 세계관마저 언급되었다. '얼마나 다를 수 있으며, 그렇게 생각하게 된 데에는 그럴 만한 이유가 있었구나'를 자연스럽게 알게 되었다고나 할까.

　드라마를 소재로 부부 관계가 나아졌다고 이야기하려는 것이 아니다. 톨스토이가 말하길, 자신이 원하는 삶을 살고 싶다면 원하는 것을 어떻게 해야 하는지 그 방법을 알아야 한다고 하지 않았던가. 삶의 지혜를 위대한 스승이나 책 밖에서 찾는다면, 살아 있는 소시민들의 모습을 가장 현실감 있게 그려내는 '드라마'를 통해서도 발견할 수 있으리라. 단순히 외국어 공부를 하기 위해 드라마 시청을 시도했지만, 세상에 쏟아지는 모든 드라마를 다 보고 살 수도 없는 노릇이었다. 이왕이면 지금 내 인생의 진도에서 절묘하게 도움이 되고 자극이 될 만한 소재를 찾아보기로 했다. 예전처럼 '요즘 대세'라는 드라마를 마지못해 보다가 드라마 연출 의도에 현혹되는 일은 그만두자 마음먹으며.

　활자에 지칠 때, 내 마음 처방을 내가 내리는 기분으로 드라마를 탐색하는 과정은 또 다른 설렘이기도 했다. 책을 고를 때와는 달리, 원작 소설이 있는 드라마인지, 어느 드라마 작가의 대본인지, 어느 감독이 기획하고, 어떤 배우들이 출연하는지, 종결된 드라마의 시청자들 평가는 어떠한지 등 저마다의 다양한 정보들을 접하노라면 살아 숨 쉬는 교재 같았다. 어떤 이들은 드라마 영상미에 반해서, 어떤 이들은 연기력이 일품인 배우들의 변신을 쫓아서, 그리고 그중 가장 많은 이들은 드라마를 보며 '위로'를 받는다고 했다.

나는 어떤 위로를 받고 싶었던 걸까. 워킹맘으로서 몸과 마음이 너덜너덜해졌을 때였다. 소리 내어 펑펑 울 법한 힐링 드라마를 원했던 것 같다. 다행히 기다리고 있었다는 듯 중국판 가족 드라마 〈이가인지명〉을 볼 수 있었던 것은 행운이었다. 제대로 위로받았다. 돈 때문에 한참 스트레스를 받고 있을 무렵에는 일본 드라마 〈한자와 나오키〉를 보며 원작 소설까지 단숨에 읽어버렸다. 평범한 은행원이 억울한 누명을 쓰고 엄청난 경제 비리를 밝혀내는 과정은 말 그대로 드라마틱했지만, 현실보다 훨씬 고단해 보였기 때문이다. 책이 좋아 책을 소재로 한 드라마는 없을까 싶어 알아봤더니 〈날씨가 좋으면 찾아가겠어요〉 같은 드라마도 있었다. 참 신기했다. 그 드라마 덕분에 도서 목록 리스트가 풍요로워졌다. (참고로, 이 드라마는 원작 소설과 전개 방식이 다소 달랐음에도 드라마만의 매력을 잘 살린 점이 매우 참신했다.)

내가 본 일련의 드라마들을 정리해 보면, 내 고민의 궤도를 알 수 있었다. 드라마마다 내가 공명했던 장면을 기억하려 했고, 드라마 전개 방식에서 '나라면 어땠을까'라는 생각을 끊임없이 하면서 어딘가에 적어 두곤 했다. 그렇게 쌓인 기록들도 훗날 다시 보면, '지금의 나'를 이해하는 데 꽤 큰 도움이 되지 않았나 싶다.

1. 준비하기

하나. 내가 최근 관심 둔 분야는 무엇인지 파악하기

둘. 드라마 선정하기

셋. 드라마 볼 시간 정하기

신경 써서 드라마를 선정해 보면, 1년에 2~3개 정도이다. 워킹맘이라 시간도 잘 내기 힘들거니와 드라마 한 편이 한 시간 남짓인 걸 감안하면 과몰입하기도 쉽지 않다. 간혹 '드라마 본방 사수'라는 말을 하는데, 내겐 해당하지 않는다. 특히나 중국 드라마는 40화가 넘는 것도 있어서 도중에 흥미가 떨어지면 과감하게 중단한다. 잘 선택하면 모든 장면과 대사가 주옥같은 드라마가 분명히 있기 때문이다. 어느 정도 몰입이 된다 싶으면 24시간 중 30분을 어디에다 둘 것인지 잘 배치해 본다. 나의 경우, 드라마 시청은 아이들 하원을 기다리며 보거나, 주말 새벽을 활용했다. 영화만큼 인상적인 장면은 덜하지만, 깨알 같은 일상을 관망하고 공감하기에는 역시 드라마만 한 게 없었다.

2. 드라마 시청하기(30분)

하나. 드라마 시청 중, 생각하게 하는 장면이나 대사 기록하기

둘. 드라마 시청 이후, 기획 의도 이해하기

(원작 유무, 작가 스타일 포함)

셋. 드라마를 보고 깨달은 점 기록하기

어떤 드라마는 첫 장면부터 심상치 않다. 충격요법인지는 모르겠으나, 첫 회부터 핵폭탄급 사건이 터지면서 그 고난이 드라마 전체의 분위기를 좌우하는 경우다. 이때부터는 주인

공의 '생각의 전환'에 주목한다. 어떻게 주인공이 고난을 대하며 변해 가는지, 그 과정에서 어떤 요소들이 촘촘히 박혀 있는지를 관망하는 것이다. 내가 감동했던 장면이나 대사는 비현실적인 드라마임에도 '현실'을 알게 해 주는 것들이었다. 동료의 배신을 용서하진 않으나 이해하게 되는 일, 몰랐을 때는 보이지 않았으나 뼈저린 아픔을 겪고 늦게라도 지난 과오를 만회하려는 모습, 이성과 감정이 서로 다른 방향을 가리킬 때 할 수 있는 고민 같은.

여운이 남는 장면이나 대사들은 기록하기 시작했다. 작가의 기획 의도나 영감을 얻은 계기 등을 찾아보면 의외로 책으로 이어지는 경우도 있었고, 소소한 일상에서 주고받은 대화들이 기획 의도로 이어지는 경우도 있었다. 그들의 통찰력과 표현력이 가지는 의미를 적어 보곤 했다. 게다가, 캐릭터를 잘 분석하여 혼신의 연기를 펼치는 배우들을 보면 책과 다른 감동을 할 수밖에 없었다. 살아 숨 쉬는 듯한 감정선과 쓰러질 듯한 모습으로 고뇌하고 오열하는 모습은 연기를 '소명'으로 여기는 자들 특유의 기운으로 흘러넘쳤기 때문이다.

드라마를 몰입해서 보면 여러 캐릭터에 감정이입이 되어 그들의 마음속으로, 생각 속으로 풍덩 빠져든다. 그렇게 빠져들었다가 다시 현실로 돌아왔을 때, 진짜 '그들'이 보이고, '내'가 보인다. 병원에 가면 의사들의 일상도 일면 이해가 되고, 가게에서 일하시는 분들을 보면 그들만의 고충도 이해가 된다. 고학하는 학생들, 스트레스 받는 회사원, 일하면서 집안도 돌봐야 하는 워킹맘인 '나'도 한 편의 드라마 속 인물이 될 수 있다는 것은 큰 위로이자 통찰이 아니고 무엇이겠는가.

누구에게도 말 못 할 고민을 드라마를 보며 해소하는 사람들이 많다고 한다. 대중문화라고 폄하되어 왔던 것에 비해 '드라마'의 힘은 무시 못 할 수준으로 성장했다. 당신도 나도 힘든 거, 드라마가 짚어 주고 보듬어 줄 때가 많다는 뜻이다. 그러니 그저 드라마일 뿐이라고 우습게 여기지 말자. 어쩌면 드라마 대사 한 줄이 나의 우울함을 한 방에 날려 줄 수도 있을 테니까.

5장

오늘 하루도
공부로 시작합니다

도서관에서 제대로 노는 법

'귀하께서 대출 중인 도서 반납예정일입니다.'

도서관에서 온 문자다. 이번엔 어느 도서관이었더라? 화들짝 놀라 반납할 책들을 분주하게 챙기면서도 내심 반가운 마음을 숨길 수가 없다.

"얘들아~, 얼른 옷 입어. 도서관 갈 시간이야. 엄마 책은 다 챙겼는데, 너희들 동화책은 어디 있어? 엄마 못 찾겠어, 도와주라, 안 보여~"

"어, 알았어~. 내가 알아, 엄마. 여기 있어."

주섬주섬 옷을 갈아입으면서도 재빠른 손길로 에코백에 동화책을 넣어 주는 둘째다. 그 와중에 첫째가 말한다.

"아이, 이 책은 나 아직 다 못 읽었는데, 오늘 꼭 반납해야 해? 그리고 이 책은 엄마도 읽어 보기로 약속한 거잖아. 힝."

둘째와 달리 책 한 권 한 권에 아쉬움이 묻어나는 소리를 하는 첫째다.

"괜찮아. 일단 반납하고 다시 빌리면 돼. 너희들 카드 다 가지고 가는 거지? 아참, 오늘 도서관에서 영화 한다는데, 그거부터 볼래? 배고프면 김밥 먼저 사 줄게."

"나는 김밥이랑 라면. 햄버거도 괜찮아."

아이들과의 대화를 듣고 있던 신랑이 익숙한 듯 참치김밥을 주문한다. 거의 매주 주말마다 가는 편이어서 습관이 되어 버렸다. 한때 도서관은 가기 싫다며 투정도 부리곤 했으나, 이제는 아이들이 도서관에서 지내는 법을 터득했는지 별 거부감이 없다.

아이를 낳아 기르면서 아이 연령대별로 나의 부모 지수도 상승하는가 싶었다. 그저 먼저 낳아 훌쩍 커버린 자식들을 둔 부모들이라면 죄다 대단하고 부러울 지경이었으니까. 그러나 먼저 낳아 길렀다는 이유만으로 모든 부모가 나의 스승이 되지는 못했다. 오히려 단지 자신만의 단편적인 육아 노하우를 대단한 철학인 양 ('그 시절, 다 지내봐서 알지' 하는 눈빛과 표정으로) 설파하려는 주변인들이 불편했다. 그 어떤 사족이나 배경 설명도 없었다. 조언을 구하지도 않았는데 훈수를 둔다는 건 늘 어디서나 '민폐'라는 생각이 들었다.

나와 신랑이 책을 좋아해서 아이들과 주말마다 도서관에 가게 된 것은 대단한 철학이 있어서가 아님을 밝혀 둔다. 흔히 말하는 문해력 향상이나, 독서를 통한 창의적 사고 함양 따위 추호도 염두에 둔 적이 없다는 뜻이다. 이런 루틴이 형성된 것은 코로나 초창기 시절로 거슬러 올라간다. 코로나 이후, 도서관에서 대출할 수 있는 책 권수가 많아졌다. 실제로 코로나에서 살금살금 벗어나려 할 무렵, 탁 트인 공원 이외에 가족 나들이를 갈 만한 장소가 없어서 무서웠다. 그러던 어느 날, 오랜만에 조심스럽게 들어간 도서관에서 드문드문 사람들이 책을 읽고, 빌리는 모습은 얼마나 아늑하고 따스한 감정을 자아내던지.

문득 그런 생각이 들었다. '도서관을 여태 이렇게 경건하다고 느낀 적이 있었던가.' 언제부턴가 모든 도서관은 하나로 연결되어 상호대차 서비스가 가능해졌고, 같은 시내 도서관이라면 어디서든 손쉽게 반납 가능하다고 했다. 대출 연장도 가능하고, 북 콘서트도 자주 열렸으며, 격주로 음악회나 유익한 강연도 잇따랐다. 도서관 출입이 잦아지면서 조금씩 도서관 행사에도 관심이 생겼는데, 의외로 꾸준히 참가하거나 응모하는 사람은 적어 보였다. 서평 쓰기도 해 보고, 아이들 독서 퀴즈도 같이 풀어 보았다. 웬만한 음악회나 강연은 책 읽는 동안 드문드문 고개를 들어 실시간 감동의 여운을 만끽하기도 했다. 그렇다. 도서관의 반전은 '코로나'가 아니라 '도서관을 대하는 우리 가족의 태도'였다.

『우리는 여전히 삶을 사랑하는가』(에리히 프롬 저)에 의하면, 공적인 기관에서 사람들이 무료로 누리는 것들이 많아질수록 사회에 대한 신뢰도가 높아지고 자기 삶에 만족할 가능성이 높아진다고 한다. 최대 소비를 조장하는 사회에서 공공의 최적 소비 시스템으로 바꾸는 극적 전환을 제안한 것이다. 어디 그뿐인가. 『모든 것은 도서관에서 시작되었다』(윤송현 저)에서는 북유럽의 민중도서관 위력을 꼼꼼하게 들여다보며, 얼마나 눈물겨운 역사적 배경을 안고 현재의 도서관 선진국에 이르렀는지를 거듭 설파하는 부분이 있다. 도서관에서 모든 이들이 똑같이 '평등'을 누릴 수 있는 '자유'가 탄탄하게 뿌리 잡아 내린 데에는 19세기 후반부터 시작된 북유럽의 정세를 빼놓을 수 없다. 스웨덴과 핀란드의 경우, 산업 혁명과 전쟁의 여파로 국민의 4분의 1 수준이 미국으로 이민을 가는 지경에 이르렀고, 노르웨이 역시 2차 세계대전에 대한 후유증으로 지독한 경제적 어려움을 겪었다. 하도 힘들게 살다 보니 능력 위주의 경쟁을 부추기는 시스템만으로는 척박한 넓은 땅에서 낮은 인구 밀도를 온전히 유지하기도 버겁다는 여론이 자연스럽게 형성된 것이다. (사실, 스칸디나비아반도 국가 모두에 해당하는 지리적 여건이기도 하다.)

참으로 현실적인 이야기였다. 북유럽의 보수파와 사민당(중도 좌파)의 오랜 정치적 핑퐁 끝에 보통 선거가 실시되면서 한 사람의 투표권이 정말 귀해졌고, 모든 정당이 성인 학습 지원을 본격적으로 해야만 살아남을 수 있었다. 이는 곧 압도적인 도서관 수와 장서로 이어지고, 전 연령을 위한 디지털 리터러시 교육까지도 탄탄하게 구축하는 결과를 가져왔다. '단 한 명의 소외자도 없는' 사회, '느린' 학습자들을 위한 치밀한 간섭 뒤에는 이렇게 깊은 사연이 있었다. 교과서도 따로 없다. 주제 중심 자료를 찾고 토론하며 관련 내용을 정리하는 프로젝트 수업이 이미 깊게 뿌리 내렸기 때문이다.

그들에게는 당연한 일상인데 교육학계에서는 '사회구성주의적 학습'이라는 명칭을 주었다. 핀란드가 PISA 3회 연속 종합 1위에 오르며 전 세계의 주목을 받기까지는 100년을 훌쩍 뛰어넘는 무명 시절이 있었던 셈이다.

'그나저나 어쩐담. 여기는 대한민국인데.'라고 생각할지 모르겠다. 잠깐 주변을 둘러보자. 진심으로 인근 도서관 서너 군데만 견학하는 마음으로 다녀보시라. 도서관 활성화를 위해 노력하는 사서와 북 큐레이터들이 보인다. 도서관마다 진행하는 다른 색깔의 프로그램과 서가 진열, 추천 도서, 이벤트 행사를 입체적으로 관망하다 보면, 어느 순간 세상에서 가장 위대한 발견 '이거 정말 재미있군.' 하는 때가 당신에게도 올 것이다.

1. 도서관 알아가기

하나. 인근 도서관을 검색한다. (특징이 서로 다른 도서관 위주로)

둘. 정기적으로 방문한다.

셋. 도서관 행사에 참여한다.

이래 봬도 워킹맘이다. 주말마다 아이들과 무엇을 하며 보낼지를 구상하는 일은 '제 2의 일'이라 할 만큼 고농축의 에너지를 요한다. 워킹맘이 힘든 결정적인 이유, '미치도록 모자라는 시간' 아니겠는가. 내가 어른이 되어 간다고 느끼는 결정적인 순간은 힘들어도 내색 않고 아이들과 함께 무엇을 할 수 있는지 고민하는 순간들이었다. 그래서 도서관이었나 보다. 디지털 도서관이나 전자신문, 어린이 전용 도서관, 시니어 클럽이 운영하는 북 카페가 어우러진 도서관만큼 효율적인 곳은 없었기 때문이다.

인근 도서관이 어떤 특징을 지녔는지 섬세하게 파악하기까지는 일정 기간의 시간이 필요했다. 어린이 도서관 중에서도 '기적의 도서관'을 찾아가 보면 특유의 공간 설계와 친환경적 요소로 기존의 도서관 이미지를 깨뜨리는 자유분방함이 있었다. 아이들은 놀이터인 양 동굴 속이나 통유리창 옆 원목 계단에서 좋아하는 그림책을 스스럼없이 펼쳤다. 내가 좋아하는 국회도서관에는 다양한 국가의 잡지가 원본 그대로 진열된 데다 천장이 높다. 널찍한 소파에서 잡지 몇 권 쌓아놓고 커피 마시며 세계 각국에서 벌어지는 일들을 읽고 있노라면 마치 해외여행을 온 듯한 착각에 빠져든다. 오래된 시골 학교 부지를 전면 개조해서 도서관을 만든 곳도 있고, 도서관 바로 옆에 어린이 물놀이장이 있어서 한여름이면 일석이조의 스케줄을 소화할 수 있는 곳도 있다. 잘 찾아보자. 서너 군데만 정기적으로 잘 다녀도 꽤 다채로운 경험을 할 수 있다. 서평 쓰기는 수시로 가능하고, 북 콘서트, 음악회는 분기별로 진행된다. 개인 영화관 부스도 활용할 수 있는데, 아이들에게 양질의 콘텐츠를 보여 주기에 안성맞춤이다.

2. 도서관에서 놀기

하나. 도서관 공간과 분위기를 누린다.

둘. 자신만의 도서관 즐기는 방법을 만든다. (도서관 서고, 장서 훑어보기)

셋. 감상을 쓴다.

시골 학교를 개조한 도서관에서 있었던 일이다. 피아노가 놓여 있던 강당이 음악회의 무대가 되었다. 봄날의 노래 선율이 도서관 한가득 울려 퍼졌을 때, 나는 2층 계단에 멈춰 앉아 아래를 내려다보았다. 공부하면서 듣는 사람, 책 읽다가 손뼉 치며 즐기는 사람, 신이 나서 쫄랑대며 돌아다니는 아이들. 도서관은 그야말로 축제 분위기였고, 모든 이들은 함께 누리고 있다는 기쁨으로 충만했다. 공연 이후에도 여운이 남아 도서관 내에 있는 모든 사람이 행복에 겨워 보였던 건 나만의 착각이었을까.

도서관을 정기적으로 다니게 되면서 생긴 습관이 있다. 분야별 서고의 책들을 제목만 쭉 훑어보는 것이다. 항상 컴퓨터로 검색해서 대출하다가 어느 날 서고의 책 제목을 쫓아 그 분야 장서를 모조리 훑었는데, 애매했던 개념의 고리 부분이 단박에 이해되어서 깜짝 놀란 적이 있다. (작은 도서관일수록 서고 한 칸에 내가 읽은 책이 많이 보이는 건 당연한 거겠지만) 다른 도서관에 가서도 그 분야 서고에 가면 자연스레 비교되어 어떤 책이 기초서적이고, 어떤 책이 키 북이며, 어떤 책이 최신 동향인지 책을 보는 안목이 나도 모르게 생겼다고 봐야 할 것이다. 숨어 있는 보석 같은 책을 완독한 날이면 혼자서 감동에 겨워 잠을 설치기도 했다. 소설로 밤새고, 사회학책에 감동하고, 철학책에 흠뻑 빠졌다. 흔치 않은 날들을 기억하기 위해 적어 두고, 그 기록을 다시 읽는 습관은 그즈음부터 생겼으리라. 책 한 권에서 벗어나 서고 한 칸으로 단위가 바뀌었을 뿐이었다. '읽어야 할' 책보다 '읽고 싶은' 책이 압도적으로 많아지는 이 신기한 경험을 도서관이 아니면 어디에서 해 볼 수 있겠는가.

학창 시절보다 열심히 도서관을 들락거리며 '세상 살 만하다'는 생각을 하게 될 줄은 몰랐다. 그러나 사실이다. 어쩌면 젊었을 때의 나보다 지금의 내가 더 마음에 들기 때문이기도 하겠고, 상상을 뛰어넘는 경험을 견뎌 낸 시간이 까칠했던 나를 보듬어 주었기 때문인지도 모르겠다.

한편으로 내가 도서관에서 노는 방법을 터득하는 동안 당신만의 '세상 살 만해지는' 방법도 진즉 있을 거라는 생각이 든다. 누구에게나 자신만의 길이 있듯이, 당신의 그 방법도 귀하게 얻은 것 아니겠는가. 단지 나는 '등잔 밑이 어둡다'는 속담이 무색할 만큼 돌고 돌아왔다는 생각에, 혹시라도 나의 도서관 놀이법이 당신의 그 방법에 새로운 힌트가 될지도 모른다는 마음에서 권하는 것이니 오해 마시라.

"모든 이가 무료로 누릴 수 있는 공간이 많아지면
삶에 대한 만족도가 높아질 수 있다."

세 가지 질문

하루를 마무리하고 무척 나른해진 몸을 누이며 드는 생각이 있다. 새벽녘, 이른 아침에 차 한 잔을 마시며 드는 생각이 있다. 일하다 잠시 여유가 생기면 드는 생각이 있다.

'나, 지금 잘 살고 있는 거 맞나.' 하는 생각.

다들 '지금 이 순간'을 소중히 여겨야 한다고 말하지 않나. '지금 이 순간'만이 내가 유일하게 누릴 수 있는 확실한 행복이라고. 그러니 제발 과거에 얽매이지 말고 주변 사람들의 말에 휘둘리지 말고 '지금 이 순간'을 움켜쥐고 '자신답게 살아가라'고 말이다. 나다운 것이 무엇인지 알기 위해 자신답게 살다 간 사람들의 흔적부터 찾았다. 찾을수록 그들의 공통분모는 내게 말을 걸어왔다. '너에게도 똑같이 주어진 것이니 어디 잘 살펴보렴.'

『세 가지 질문』(톨스토이 저)을 보면, 지혜를 얻고자 하는 어느 왕이 은사를 찾아 세 가지 질문을 한다. 이 짧은 소설은 인생에 대한 놀라운 통찰을 품고 있는데 그 내용을 잠시 소개하고자 한다. 이야기의 대략적인 줄거리는 다음과 같다.

어느 날, 한 왕은 깊은 생각에 빠진다.

'만일 언제 무슨 일이 일어날지 알 수 있고, 자신에게 필요한 사람이 누구인지, 그리고 어떤 사람과 무슨 일을 하지 않아야 하는지, 자신에게 가장 중요한 일은 무엇인지 항상 알 수 있다면 얼마나 좋을까.' 하는 거였다. 그리하여 이 방법을 알려 주는 자에게 큰 상을 내리겠노라고 온 나라에 선포까지 했는데 웬걸. 모든 사람마다 그 방법이 제각각이다. 어떤 이는 계획을 철저하게 소분해서 세우고 실천해야 한다, 혹은 그런 건 그때그때 상황에 주의를 기울이고 필요한 일을 하면 된다, 또 어떤 이는 현자들로 구성된 자문화를 만들어야 한다, 등등. 왕은 누구의 말에도 동의하지 않았고, 지혜롭다고 알려진 은사를 찾아가 물어보기로 했다.

소박한 옷차림을 하고 은사를 찾아간 왕은, 질문에는 아무런 대답 없이 계속 밭일만 하는 은사가 답답하기만 했다. 급기야 왕은 피곤해 보이는 은사를 도와 함께 밭일까지 하게 되었다. 마침 그때였다. 멀리서

피 흘리는 배를 움켜쥐고 달려오는 한 사내가 왕의 앞에서 신음하며 기절하듯 쓰러지는 것이 아닌가.

왕과 은사는 사내의 옷을 벗겨 몇 번이고 상처를 씻고 감아주기를 반복하였고, 마침내 피를 멎게 했다. 피곤한 하루를 보냈던 왕은 매우 깊은 잠에 빠져들게 되고, 이튿날 낯선 남자가 자신을 뚫어지게 쳐다보는 것을 발견하고는 겨우 정신을 차리게 된다.

낯선 사내는 갑자기 왕에게 용서를 빌었고, 왕은 어리둥절하여 그를 모르니 용서할 일이 없다고 한다. 그러나 사실 그 사내는 자신의 형을 처형하고 전 재산을 몰수한 왕을 정확히 알고 복수하려던 자였다. 깊은 숲속에서 왕이 돌아오기를 기다리던 중, 아무리 기다려도 왕이 돌아오지 않자 그만 왕의 호위대에 발각되어 당했노라고. 그러면서 어제만 해도 왕을 죽이려 했으나, 지금은 왕이 자신의 목숨을 살려주었으니 평생 충성하게 해 달라고 하며 진정으로 용서를 구한다. 왕은 매우 흡족해하며 용서했다. 그리고선, 주변을 둘러보고 은사를 찾아 자신의 물음에 아직 답해 주지 않았다며 재차 묻는다. 은사는 왕의 성화에 못 이겨 대답했다. 모르겠냐고. 이미 벌써 답을 다 얻어 놓고도 왜 모르느냐, 했다.

예나 지금이나 지도자의 위치는 고독하고 고단하다. 깊고 깊은 왕의 고민도 일반인들과는 질적으로 달랐을 터. 그 고민의 깊이에 응할 수 있는 숲속 은사는 묵묵부답으로 밭일만 하다가 한 사내의 병간호를 계기로 이튿날 왕이 충분히 질문에 대한 답을 얻었다고 생각했던 모양이다. 그러나 왕은 말해 주지 않으면 몰랐을 것이다. 어서 답해 달라고 은사에게 졸라댔으니, 불멸의 고전에서도 많은 것을 생각하게 하는 대목이지 않은가.

은사는 대답한다. 왕이 은사의 밭일을 도운 덕분에 살해당할 위험을 피했으니 가장 중요한 순간은 '지금'이었다는 것과, 왕을 죽이려던 한 사내는 왕의 병간호를 받고 나서 그를 생명의 은인으로 생각하게 되었으니, 가장 중요한 사람이자 조심해야 할 사람은 '바로 내 곁의 사람'이라는 것, 그리고 가장 중요한 일은 '지금 내 곁에 있는 사람에게 선행을 베푸는 것'이라고. 즉, 모든 질문에 대한 답이 되고도 남았다는 것이다.

그렇다면 잠깐만. 이쯤에서 이 세 가지 질문에 대한 답을 정리해 보자.

1. 무엇을 언제 할 것인가

알맞은 때 가장 적당한 일을 딱 맞춰서 할 수는 없다. 주어진 상황에서 가장 필요한 일을 하면 되는 것. 옳다고 생각하는 일을 그냥 하면 되는 것이다. 가장 알맞을 때란 '지금'이다.

내가 워킹맘으로 힘들어했던 이유는 주어진 상황에서 가장 필요한 일이 무엇인지 몰랐던 것이 아닐까 한다. 무엇이 옳은 것이며 필요한 것인지 모르고, 나를 갉아먹는다는 느낌마저 감내하며 닥치는 대로 일상에 휘둘렸던 날들을 반성한다. 이제는 내게 가장 필요한 내 마음을 다스리는 일부터 시작해서 내가 할 수 있는 만큼 필요한 곳에 에너지를 쓴다. 필요성에 대한 순위가 혼란스러우면 내 곁에 함께 있는 사람들과 의논한다. 그들의 생각을 듣고 조율한다. 미취학 아동일지라도.

2. 가장 필요한 사람 혹은 주의해야 할 사람은 누구인가

필요하거나 주의해야 할 사람이 정해져 있지 않다. 언제든 주의해야 할 사람이 필요한 사람이 될 수 있고, 필요한 사람이 주의해야 할 사람이 될 수 있기 때문이다. 그러니 가장 필요하거나 주의해야 할 사람이란 '지금 내 곁에 있는 사람'이다.

한때는 누가 좀 도와줬으면 좋겠다고 간절하게 바랐던 적이 있다. 그러나 주어진 상황을 제대로 못 받아들이고 있다는 자괴감만 커질 뿐, 내가 도움을 구할 수 있는 곳은 내가 만들어야 생긴다는 것을 뒤늦게 알았다. 내게 필요한 사람도 내가 만들 수 있고, 내가 주의해야 할 사람도 예상치 못한 순간에 생길 수 있음을 받아들였다. 그것은 내 직장 동료일 수도, 오랜 친구일 수도, 내 부모나 형제자매일 수도 있다. 오호라. 내 남편과 아이들마저도 가장 필요하면서도 주의해야할 사람이 될 수 있다는 것을 알고 나니, 왜 이렇게 후련한지 모르겠다.

3. 어떤 일이 가장 중요한가

곁에 있는 사람에게, 주어진 상황에 충실할 것. 왕은 은사가 지쳐 보여 밭일을 도왔고, 그 시간에 살해당할 위험에서 벗어났다. 순간에 충실했다. 피 흘리며 다친 사내를 왕은 간호했고, 살아난 자객은 왕에게 필요한 사람이 되었다.

톨스토이는 이 부분에서 '가능성'을 말하고 싶었던 걸까. 내 곁에 있는 사람에게 매 순간 충실하며 선행을 베풀라는 것은 말처럼 간단한 실천법이 아니다. 끊임없이 선의의 마음으로 주변인들과 이로운 관계를 맺어 가기에 앞서 '나'에 대한, 내 존재에 대한 '앎'이 바로 서지 않으면 얼마 못 가 무너질지도 모른다. 내가 그랬다. 나부터 중심이 서지 않았는데, 내 곁의 사람들에게 무조건 잘 대해 주기가 쉽지 않았다. 내가 이지러져 있으니 내 곁에 있는 사람에게 충실하지 못했고, 선의를 내보이기는커녕 날카롭게 찔러만 댔다. 만약 왕이 자신을 죽이려던 사내가 계획에 실패하여 다친 것임을 미리 알았다면 이야기는 어떻게 전개되었을까. 내가 그 상황의 왕이었더라도 아무 말 없이 간호할 수 있었을지에 대해 자문하게 된다.

누군가를 죽이려던 자가, 그 누군가로부터 지극한 간병을 받고 복수를 포기하는 마음을 가지기까지의 간극.(곤히 잠든 왕을 뚫어져라 바라보던 사내를 묘사한 구절을 떠올려보자.) 그사이에 일어난 사내의 심경 변화는 뭐라 표현할 수 있을까. 톨스토이가 말하길, '함께 있는 사람을 위한 선행'은 인간이 이 세상에 온

단 하나의 목적이라고 했다. 내 곁에 사랑하는 가족이 지금 함께 있다면, 계속 함께 하게 되는 동료가 있다면 그 '목적'이 있을 거라 믿는다. 그것이 지금의 내가 깨달은, 가장 건강하게 관계 맺는 방식이다.

왕에게는 은사가 있었다. 그러나 내게 은사는 없다. 그래서 나는 내 안의 은사를 찾아 질문하고 대답하는 연습을 조금씩 하는 중이다.

1. 무엇을 하고 싶은가
2. 어디까지 하고 싶은가
3. 무엇을 남기고 싶은가

매일 무엇이든 쓴다. 오늘 역시 그렇다. 쓰기 위해 읽는 날도 있다. 내가 본 것과 들은 것, 경험한 것은 내 생각보다 항상 몸집이 컸다. 쓸 겨를도 없이 바쁠 때면 다시 내 자리로 돌아와서 '쓸 때'가 되어서야 비로소 마음이 안정되었다. 쓰지 않았다면 다 물거품처럼 날아갔을 것이다. 무엇을 알았고, 무엇을 하고 싶은지도 영원히 모르고 살았을 것이다. 참으로 신기한 것이, 늘 바쁘고 정신없이 지냈다는 건 알겠는데, 그때 무엇을 위해서 그렇게까지 했는지는 역시 단언하기 힘들었다.

　여기 길이 될 수 있을지 몰랐으나, 길이 된 내 일이 있다. 가르치는 일이다. 일을 하며 배운 것도 최근에야 곱씹어 보게 되었는데, 결론부터 말하자면 적성에 맞았다는 거다. 잘 견뎌 내었다는 건 잘 살아왔다는 뜻이다. 그걸 내 안에서 인정하기가 뭐 그리 불편했는지 이제는 억지 부린 시기도 정리되지 않았던 마음과 함께 떠나보낸다. 이제는 괜찮다. 일하면서 또 다른 내 모습을 발견할 수 있었던 용기, 부족했던 시간에 브레이크를 걸었던 용기, 내 안을 들여다보려는 용기를 익혔기 때문이다. 톨스토이의 짧은 단편 이야기에서 '지금 이 순간'의 폭을 조금 더 넓혀 보고자 한다. 그 길이 보이기 시작하니, 이 길도 그 길도 다 내 길임을 이제야 알겠다.

　혹시 당신도 톨스토이의 단편 소설 속 왕처럼 은사를 찾아 질문에 답해 달라고 보채고 있지는 않은가. 이미 자신 안에 답을 지니고 있으면서도 안 보이는 척하고 있는 건 아닌지 묻고 싶다. 물론, 당신의 길 역시 꽤 지난했을지도 모른다는 생각, 혹은 여전히 현재진행형이어서 언제든 재부팅 해야 할 지도 모른다는 생각을 안 하는 건 아니다. 다만, 그럴 때마다 '나, 지금 잘 살고 있는 거 맞나.'하고 스스로에게 물어 볼 기운만큼은 잃지 마시라.

우리 주변에는 짧고 깊게 울림을 주는 '톨스토이'들이 의외로 많아서, 당신이 가고자 하는 그 길에 아무렇지 않게 나타나 선행을 베풀어 줄지도 모를 일이다.

오늘도 비틀거리며 배우는 중

중국의 작가 위화가 그랬다.

예를 들면, 당신이 공원 벤치에서 오후 햇살을 만끽하고 있다고 치자. 내 앞에 자전거도 지나가고 사람들 소리도 들린다. 마침 맞은편에서 조용히 책 읽던 사람이 빙긋 웃는 것도 보게 되었다. 우리는 그 사람이 왜 웃는지 궁금하지만, 그 사람이 어떤 페이지에서 무엇 때문에 웃었는지 알 수가 없다. 책에 몰입하여 감동적인 부분에서 눈시울이 붉어질 때역시 마찬가지다. 문득, 오래전 누군가도 이렇게 울었을까 싶지만, 그 누군가는 알 수도 없고, 찾을 수도 없다. 다만, 상상하며 추측할 수는 있겠는데 이런 것들을 바로 '공명'이라부를 수 있다고.

'공명 덕분에 사람과 사람은 아무리 멀리 떨어져 있어도 바로 옆에 있는 듯 가까워질 수 있다.'는 그의 말은 의미가 깊었다. 그저 한국어판 서문에 실린 짧은 1장 남짓의 글이었지만 (소설 이름은 '원청'이다.) 삶의 본질을 짚어 내는 그의 내공에 잠시 넋을 잃었다.

내가 살아오면서 휘청거렸던 이유는 간단했다. '나'를 제대로 몰랐기 때문이다. 스멀스멀 새어나가던 내 영혼은 급기야 파업 선언했다. 그래서 멈출 수밖에 없었다. 세상일에 늦을 때란 없는 거라며, 젊지도 늙지도 않은 나이에 다시 시작하는 마음으로 그렇게 일단 멈추려고만 했을 뿐이었는데 무슨 부작용이 그렇게 많은지. 잡념을 줄이기 위해 명상을 익히는 데에도 한참이나 걸렸다. 그러자, 나처럼 멈췄던 이들의 이야기들이 궁금해졌다. 그들의 이야기가 불같았던 내 심장을 차분하게 식혀 주었다. 그들은 멈춰서 '생각'이라는 걸 했고, 철저하게 그 생각대로 '움직였다.'는 걸 알았다. 어쩌면 그 행동이 그 사람을 극명하게 대변하는 것일지도 모른다고 생각했다. 그들의 행적은 많은 시대를 거쳐 나에게까지 공명을 불러일으켰다고 봐야 할 것이다. 다행히 나는 문명의 혜

택을 누릴 수 있었다. 현대판 '살아 있는 고수'들이 그들에 대해 좀 더 쉬운 말로 부드럽고 친절하게 설명해 주기도 하고, 때로는 가감 없이 거칠었던 고난을 드러내 보여 주기도 했기 때문이다. 그들 역시 인생의 어느 한 지점에서 선인의 지혜에 공명했기 때문이리라.

　'생각'하기. 공명을 불러일으킬 만한 것들은 내 마음보다 저만치 앞에서부터 진즉 대물림 되고 있었다. 아하. 생각하기 시작하는 때부터가 진짜 시작이구나. 깊은 생각 끝의 행동. 그것이 켜켜이 쌓여 좋은 습관으로 진화하면 커 가는 성장기의 몸처럼 내 내면도 꽉 차오르는 것이었구나. 내가 느낀 우울감과 방황은 특별한 것이 아니었다. 생각하지 않으면 누구나 겪을 수밖에 없는 필연적인 과정이었다. 깊은 생각을 잘 안 했다. 사는 대로 생각했다. 인생 별거 없다고, 남들도 다 이렇게 사는 거라 여겼다. 그러면서 항상 찜찜해 했다.

　몸은 어른이지만, 영혼은 어린아이였다. 많이 모자랐고, 많이 겁먹었음을 인정해야만 했다.
　그렇게 살금살금 영혼을 키워나가다가 알게 되었다. 그저

이 시공간에서 가만히 있을 수 있다는 것 자체가 엄청난 선행의 수혜라는 것을. 지각이 있다면 당연히 나 역시 받은 대로 돌려주는 게 이치에 맞지 않나 하는 생각이 들자, 정신이 퍼뜩 들었다. 어제와 미세하게 달라진 오늘의 '행동'에 몰입하기 시작했다.

잊을 만하면 찾아오는 일상의 무기력감, 그 패턴을 느껴 본 사람은 알 것이다. 그럴 때마다 나는 이미 이 세상 사람이 아니라고 상상해 보곤 한다. 무슨 크리스마스 동화 스크루지 할아버지 같은 이야기냐고 반문할지 모르겠다. 그래도 효과는 확실하니 한번 해 보시길. 그런 유의 영화나 소설은 얼마든지 있으니까 상상하기도 어렵지 않다. 『제7일』(위화 저)이라는 소설 역시 사후 세계에서 화장하기 전 7일 동안 겪는 일을 다룬다. 가슴이 먹먹해지는 문구나 장면이 많아서 책장 넘기는 손길이 자주 느려졌다. 특히, 주인공 양페이가 자신을 길러준 아버지(친부가 아니다)와의 관계를 묘사하는 모든 장면은 왠지 어딘가에 있을 법한 누군가의 아버지 모습이어서 자꾸만 눈물이 흘렀다.

'공명'이란 이런 것일 테다. 이 소설을 읽은 후, 다시 돌아온 지금 이 인생에서, 내가 어떻게 살아야 할지를 조심스럽게 그려 보는 것, 돌아가신 아버지를 떠올리며 만약 내가 양페이가 되어 사후 세계에서 우리 아빠를 찾아서 상봉하게 된다면 무슨 말을 할 것인지 생각하게 하는 것, 우리 가족들에게(사후 세계에서 만난다는 건 그들도 이 세상 사람이 아니라는 뜻이다. 상상만으로도 가슴 깊은 곳에서 뜨거운 게 올라오는 것 같다.) 어떻게 그동안의 삶을 표현할 수 있을지 고민하게 하는 것, 내가 바라보는 내 인생에 어떤 마음으로 작별을 고할 것인가에 대해, 그리고 이 모든 것이 나 아닌 모든 이들에게 똑같이 적용되는 내용이라는 상상. 유의미하면서도 깊어질 수밖에 없지 않겠는가.

사후 세계에서 아들을 생각보다 일찍 만나 놀라는 아버지와, 그곳에서조차 피곤한 모습으로 성실하게 일하는 아버지를 모고 놀란 양페이. 아버지는 아들이 이승에서 외로웠다는 것을 간파하고, 서로에게 자초지종을 묻지 않는다. 서로에게 익숙한, 깊은 배려이다.

이승에서 서로의 생사를 확인할 길이 없었던 부자가 사후 세계에서도 힘겹게 만나 나누는 장면은 슬프고도 담백했다.

나는 아버지를 만나면 물을 것이다.

"아버지, 편히 계셨어요?"

"그래, 여기서 네가 그동안 어떻게 사는지 자~알 보고 있었지. 김 선
생, 열심히 잘 살다 왔네. 허허."

가족들에게도 말할 것이다.

"우리 지난 생에서 어땠어? 난 행복했어. 많이 배우고 많이 웃었어. 더
오래 함께 있었으면 좋았겠지만, 괜찮아. 뒤늦게나마 충분히 표현하
고 살았으니까. 후회는 없다…. 난 그래."

　　내가 지금 비틀거리면서도 행복한 이유는 간단하다. 그것
은 바로 누군가에게 의지하지 않고, 상황에 비열한 핑계를
대지 않으며, 내 힘으로, 오롯이 내 의지와 생각으로 일어나
는 중이기 때문이다. 그것은 마치 다 큰 어른이 어린아이처
럼 뒤뚱거리는 불안하기 그지없는 모양새임을 안다. 그래도
뭐 어떤가. 비틀거려도 잘 일어났고, 걸을 수 있는데. 비싼
목발이나 장비에 의존하지 않았고, 내 목덜미에 꼭두각시 인
형처럼 수많은 투명 줄도 없다는 게 내겐 훨씬 중요하다.

　　그렇다. 내가 계속 비틀거려도 나는, 지금의 내가 제일 마

음에 든다. 비틀거리는 걸 두려워하지 말자. 그런 의미에서 당신 역시 마음껏 비틀거리기를 바란다. 당신의 인생도 나만큼이나 귀하고 소중하다. 함께 비틀거리며 배우다 보면, 언젠가는 함께 걷고 뛸 수 있는 날이 올 것이다. 나는 그렇게 믿는다.

"당신의 인생에서 가장 힘들었던 순간은 언제였습니까?"

누군가가 내게 물어온다면 그날이 떠오른다. 아무리 발버둥 치고 노력해 봐도 끝없는 터널에 그만 갇혀 버리고 말았다는 낭패감. 도대체 언제쯤이면 조금이라도 나아질 수 있을까. 언제까지 버틸 수 있을까. 끈질기게 물고 늘어지는 무기력감이 내 삶의 의지마저 삼켜 버릴 듯했던 나날들.

돌이켜보니, 그때는 내 인생을 되돌아볼 겨를조차 없었다. 그건 단순히 바쁘다는 의미를 뛰어넘어 '내가 어떻게 살고 싶은지'에 대한 생각마저 못 하게 만들었다. 새벽에 일어나는 것이 처음에는 고역스러웠지만, 이제는 제법 내가 살고 싶은 삶의 형태를 자유롭게 디자인하는 재미가 쏠쏠하다. 그런데도 가끔 이런 생각이 드는 건 어쩔 수 없다. 역시 산다는 건 만만치 않구나. 놀랍게도 여전히 내게는 화나고, 스트레스 받는 일들이 생기고 있지 않은가. 나아질 수는 있어도 없어지지는 않는 거였구나. 다만, 이전과 달라진 것이 있다면 '일어날 일들은 여지없이 일어나고 있다'는 인식력이 생겼다는 것일 테지. 그래서 나는 오늘도 내 '감정'에 대해, 그 감정을 일으킨 '생각'에 대해, 그 생각의 '뿌리'에 대해 명상을 시작한다.

다행스럽게도 앞서 제시한 번아웃 처방전은 여태껏 유효하다. 여전히 책을 읽고, 글을 쓴다. 여전히 외국어 공부도 하고, 산책도 한다. 아직은 본질에 충실한 셈이다. 도저히 견디기 힘들어서 시작한 일이었다. 이제는 누군가에게 도움이 되었으면 하고 바라는 일이 되었다. 기적 같은 일이다.

혹시 당신이 살아온 날 중에서 지금이 가장 힘들고 괴로운 한때인가. 그렇다면 충분히 그 고통이 어떤 식으로 나를 힘들게 하는지 대면할 수 있기를 바란다. 지금 당신에게 주어진 고통은 당신만의 고유한 성질을 내포하고 있기도 하겠지만, 한 발짝만 물러서면 당신만의 것이 아닐 수도 있다. 적어도 대한민국 워킹맘들의 공통분모에 해당하는 고통은 많은 부분이 역사, 정치, 경제, 문화와 그 궤를 같이해 왔다. 그러니, 부디 나만 힘들다거나 불행하다는 생각은 하지 마시길. 우리는 '함께' 힘든 것임을 잊지 마시길.

이 책 역시 함께 견디어 내자는 마음으로 쓴 것이니 '워킹맘의 역사'라는 궤도에서 보면 당연한 수순의 내용이라는 걸 알아봐 주시길 바란다. 힘든 당신에게, 당신을 괴롭히는 것들의 실체를 알고, 비틀거려도 괜찮은 엄마로서 기꺼이 나아가기를 간절히 바란다.